현장에서 보는
도요타
생산방식

도요타생산방식을 생각하는 모임 지음 · 주창길 옮김

현장에서 보는
도요타
생산방식

도요타생산방식을 생각하는 모임 지음 · 주창길 옮김

최근 각종 매스컴에서는 일본 도요타자동차의 매출과 순이익이 사상 최대의 연속이라는 소식을 전하고 있다. 또한 2006년에는 미국의 GM을 제치고 세계 자동차 시장의 왕좌에 오르는 한편, 2010년에는 세계 시장의 15%를 차지한다는 목표도 달성하리라는 전망을 하고 있다. 그런 도요타의 저력은 어디에서 비롯된 것인지 국내외의 많은 기업들이 다시금 주목하기 시작했다.

　이러한 분위기에 힘입어, 한국표준협회와 또 다른 컨설팅단체를 통해 일본 현지에서 도요타생산방식(Toyota Production System, TPS) 벤치마킹 연수가 성황리에 진행되고 있다. 이 현지연수 또한 오랫동안 국내의 제조업 분야에서 내로라하는 대기업부터 업종이 전혀 다른 서비스 업계의 기업들까지 앞다투어 참여하고 있는 상태다.

　그런데 그동안 TPS 현지연수 통역과 진행을 맡아오면서 몇 가지 궁금증과 의문점을 가지게 되었다. TPS를 배운 국내의 수많은 기업들 가운데 제대로 적용에 성공했다는 기업이 많지 않은 이유는 어디에 있을까. 또, 연수에 참가했던 각 기업의 실제 적용을 위해 도움이 될 만한 실질적인 자료는 없을까 하는 것이었다.

　사실 많은 국내 기업들이 도요타생산방식을 이해하고 그 사상에 감탄하면서도, 주로 외형적인 부분, 예를 들어 '간반'이나 '안돈'과 같은 형식만을 도입해서 억지로 적용한다거나 하는 식의 오류를 범하는 예가 적지 않다. 또한 1~2년도 꾸준히 시행해 보지 않고 너무 성급하게 '우리는 어려워'라는 판단을 내린 채 포기해버리기도 한다. 도요타자동차 역시 이 시스템을 현재의 수준으로 발전시키기까지 50여 년에 걸친 장기간의 시행착오가 있었다는 사실을 간과한 때문이다.

　게다가 국내에서 번역 출판된 많은 도요타 관련 서적이 훌륭한 내용임에도 불구하고 대부분 도요타의 철학이나 사상 등 이론 중심으로 소개되어 있다. 또한 일부 서적은 현장에 관한 내용을 담고는 있지만 정확치 못한 용어와 잘못된 표기의 사용으로 오히려 독자들로 하여금 혼란을 일으키도록 하고 있음을 부인할 수 없다.

그러던 차에, 올 초 TPS 일본현지연수 진행차 나고야(名古屋)의 산업기술기념관에 들렀다가 구내 서점에서 우연히 본서를 발견하게 되었다. 노란색 바탕의 표지에 만화가 그려진 점부터가 친근감을 주었고, 책의 내용도 주요한 항목별로 삽화나 그래프, 도표와 함께 알기 쉽게 요약, 정리되어 있었다.

특히 일본의 제조현장에서 오랜 기간 도요타생산방식과 관련한 기술지도와 경력을 쌓은 여러 명의 컨설턴트가 참여하고 있는, '도요타생산방식을 생각하는 모임'이라는 단체가 저자라는 점에 신뢰가 갔다.

본서는 도요타생산방식 현지연수의 통역과 진행을 통해 얻은 경험과 지식을 바탕으로 필요한 내용을 쉽게 정리하여, 도요타생산방식을 처음 접하는 사람이라도 어렵지 않게 TPS의 기초부터 구체적인 사항에 이르기까지 이해할 수 있도록 되어 있다.

아무쪼록 본서가 도요타생산방식의 기본을 이해하고, 현장개선 업무에 적용하고자 하는 분들에게 조금이나마 도움이 된다면 더할 나위가 없겠다. 아울러 장기화되는 경기침체국면에서 벗어나기 위해 각 기업의 낭비제거와 원가절감 노력에 필요한 자료가 되었으면 하는 바람이다.

끝으로, 본서의 국내 출판을 선뜻 허락해주신 북스힐 출판사의 조승식 사장님과 편집진, 그리고 평소 많은 지원을 해주신 한국표준협회 관계자 여러분들에게 감사의 말씀을 드린다. 아울러 번역 작업에 함께 참여해준 김현지 양에게도 지면을 빌어 감사드린다.

주창길

우리를 둘러싼 환경은 저출산·고령화, 소비자 니즈의 다양화, 국내 산업의 공동화, 디플레이션의 진행 등으로 날이 갈수록 어려워지고 있다. 그런 가운데, 제한된 자원을 효과적으로 활용하여 지구 환경에 부담을 주는 배출물을 어떻게 최소화할 것인지, 그리고 상품을 어떻게 만들어 갈 것인지 하는 점들이 기업에게 커다란 과제로 등장했다.

대량생산방식은 아무래도 과잉으로 제품을 생산하게 된다. 물자부족시대라면 모르지만 다품종·소량생산이 당연시되는 오늘날에는, 필요 수량을 웃도는 로트생산은 과잉생산으로 이어진다. 과잉생산은 재료와 부품을 먼저 소모하고, 전기나 석유와 같은 에너지를 낭비한다. 팔레트나 컨테이너가 많아지고, 창고 등의 증설도 필요하게 된다. 필요 이상으로 만들기 때문에 팔고 남으면, 물건에 따라서는 산업폐기물로 처리할 수밖에 없다. 결국 아무리 폐기물 제로를 소리 높여 외쳐보아도 구호에 그칠 뿐, 스스로 산업폐기물을 만들어 내는 셈이다.

일반적으로는 아직까지 다음과 같은 상식이 버젓이 통용되고 있다.

1. 한꺼번에 만드는 것이 더 싸다.
2. 한꺼번에 사두면 싸다.
3. 재고는 자산이다.
4. 새로운 설비를 투자하면 생산성이 올라간다.
5. 설비에는 법적 감가상각의 내용연수를 적용한다.

도요타생산방식을 지탱하는 두 중심기둥으로, '저스트 인 타임(JIT)'과 '인변의 자동화(自働化)'가 있다. 저스트 인 타임은 '필요한 물건을 필요한 때에 필요한 만큼 만들거나 구매하는 것'으로서, '재고는 죄악'이라는 사상을 실천하고 있다. 결국은 이 방법이 불필요한 낭비를 없애므로 모두에게 이익이 된다.

일부 사람들은 원가절감이라고 하면, '새로운 설비를 들여놓아야 생산성이 올라가고 원가도 내려간다'고 생각한다. 하지만 현재 사용하고 있는 설비에 대해서도 각 회사가 사용하기 편리하도록 개선하면 그것만으로 충분하다. 설비의 상각기간 문제에 관계없이 오래된 설비라도 적절히 보전하고 관리하면 생산성과 품질도 향상된다.

도요타생산방식은 철저한 낭비 배제를 기본으로 하고 있다. 낭비를 철저하게 없애면, 저절로 원가절감이나 에너지 절약, 환경보전으로 이어지게 된다는 것이다.

저스트 인 타임이나 간반의 사용으로 과잉생산을 막고, 벨트 컨베이어를 없애 사람을 중심으로 한 대차라인을 이용하며, 제품반입단계에서 포장 개선으로 쓰레기가 나오지 않는 환경을 조성할 수 있다.

아울러 리사이클 문제가 있다. 도요타자동차에서는 이미 폐기물재생품을 사용한 자동차를 만들고 있다. 이는 설계 단계부터 리사이클을 고려해야 자동차 전체 부품의 리사이클 효율을 높일 수 있다.

본래 낭비가 없는 물건 만들기를 위해서는, 팔고 나서 물건을 만드는, 즉 주문을 받고 나서 개발, 생산, 납품으로 이어지는 일관된 체제가 바람직하다고 할 수 있다.

그러기 위해서는 1. 물류 개선, 2. 생산 리드타임의 단축, 3. 라인의 신뢰성 향상, 4. 품종의 감소와 억제가 필요하다.

물류 개선에서는, 혼재 운반 등과 같은 방법으로 적재율을 높인다. 제품도 여러 번에 나누어 라인으로 가지러 가면, 팔리는 속도와 라인에서 만드는 속도가 일치되어 어느 일정한 재고로 유지할 수 있게 된다. 생산 리드타임은, 준비교체의 단축과 원재료의 입고에서 완성품의 출하에 이르기까지 흐름을 정류화(整流化), 즉 고르게 함으로써 단축된다. 라인의 신뢰성에서 중요한 점은 가동률을 높이고, 예방 보전의 능력을 높여 설비를 정상으로 유지하는 일이다. 고장의 재발 방지를 위해서는 현장의 관리도 중요하다. 품종의 감소와 억제에서는, 개발과 설계 단계부터 부품을 통일하기 위해 부품업체와 함께 개발에 참여하는 등

부품의 종류를 줄이는 노력이 필요하다.

이러한 점들을 실현하기 위해서는, 후공정에서 필요한 제품을 인수하러 가고, 전공정에서는 팔린 것부터 순서대로 제조해가는 체제를 만들어야 한다. 이러한 활동을 차곡차곡 반복함으로써 비로소 원가 절감이 일어나고, 인재 육성도 가능해지는 것이다.

생산현장의 원가절감활동은 영구적인 운동으로 계속되어야 한다. 인원 감축에만 치중하게 되면, 회사는 결국 기울어지게 되어 있다. 금형, 주조, 단조, 판금가공, 수지성형과 같은 기본 기술의 유지와 발전도 중요하다.

도요타생산방식을 도입한 많은 기업이 처음에는 그때까지 익숙했던 사고와 관점, 방법을 바꾸는 데 고생했다는 이야기를 듣는다. 동남아시아나 중국과의 경쟁이 격화되고 있는 오늘날에는 지혜를 짜내고, 개선과 개혁을 실행하는 방법밖에 없다.

이 책을 집필하면서 도요타생산방식을 실천하고 있는 업체나 부품회사, 일본생산관리학회 이외의 많은 분들로부터 많은 도움을 받았다. 이 자리를 빌어서 감사드린다.

이 책이 공장경영자, 관리감독자, 스태프, 비제조 관계자는 물론, 앞으로 도요타생산방식을 배우고자 하는 모든 분들에게 도움이 된다면 커다란 기쁨이 되겠다.

도요타생산방식을 생각하는 모임
사와다 젠지로(澤田善次郎)
오카다 사다오(岡田貞夫)

4 표준작업

5 낭비 배제

제 **1** 장

도요타생산방식의 본질

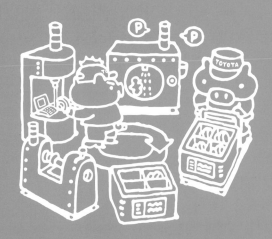

도요타생산방식의 구조
— 철저한 낭비 제거 사상

도요타생산방식(TPS)이 지향하는 것은, 철저한 낭비 제거 사상을 기초로 합리적인 생산방식, 즉 공수 절감을 추진하여 생산성을 높이는 일련의 활동이다. 이 도요타생산방식을 지탱하는 두 기둥으로 '저스트 인 타임(JIT)'과 '인(亻)변의 자동화(自働化)'가 있다.

저스트 인 타임을 현장에 맞게 풀이하면 '필요한 물건을, 필요한 때에, 필요한 만큼, 필요로 하는 부서가 가지러 가는 것'이 된다. 이것은 전공정(前工程)에서 만든 물건을 후공정(後工程)으로 보내는 기존의 방식에서, 후공정에서 전공정으로 필요한 때에 필요한 물건을 가지러 가는 후공정인수로 변경한 것이다.

현재 도요타는 판매된 뒤 비로소 이익이 나온다는 생각으로, 주문을 받고 나서 만드는 수주생산(受注生産)을 지향하고, 후공정인수방식을 적용하고 있다.

다음으로, 도요타에서는 단순한 자동화(自動化)가 아닌 '사람 인(亻)변이 붙은 자동화(自働化)'가 강조되고 있다. 불량품을 다음 공정으로 보내지 않기 위해, 문제가 발생한 현장에서는 기계나 라인을 멈추고 문제를 알 수 있도록 한다. 자동기(自働機)의 경우 문제가 발생하면 바로 정지하도록 되어 있기 때문에, 불량품은 생산되지 않으며, 작업자 한 사람이 여러 대의 기계를 담당할 수 있다.

도요타생산방식의 기본 원칙을 다음 페이지에 그림으로 나타내었다.

정리해보면 다음의 항목으로 요약된다.

1. 낭비를 철저하게 제거하여 이익을 창출한다.
2. 팔린 만큼만 만든다.
3. 평준화(平準化)하여 만든다.
4. 인변의 자동화(自働化)로 작업한다.
5. 양에 의존하지 않는다.
6. 현장 · 현물을 중시한다.
7. 사람의 능력을 최대한 활용한다.

요점정리
- 생산방식의 합리성을 높인다.
- 후공정인수를 저스트 인 타임으로 한다.
- 이상이 발생하면 라인을 멈추는 자동화(自働化)를 적용한다.

도요타생산방식의 구조

만드는 방법에 따라 원가는 바뀐다 .... 생산성 향상과 원가 절감

저스트 인 타임과 인변의 자동화(自働化)

저스트 인 타임

1. 공정의 흐름화
2. 필요수로 택트타임 결정
3. 후공정인수
4. 소(小)로트 생산

물건-동기화
사람-다기능공화
설비-공정순 레이아웃

표준작업

간반방식

준비교체 개선으로 소로트생산
평준화생산

자동화

1. 품질은 공정에서 만든다.
2. 인력절감(省人)

양품만을 만든다.

감시인을 없앤다.

이익을 창출하기 위해서는
— 원가절감이야말로 지상 과제

　고객은 사용하기 편리하고, 고장이 없으며, 생활을 즐길 수 있는 상품을 원한다. 게다가 주문하면 바로 받을 수 있고, 희망 가격보다 싸며, 빈틈없는 서비스를 조건으로 한다. 고객은 실제 구입할 때 시세보다 비싼지 싼지를 따진다. '원가 + 이익'의 개념으로 사지 않는다.

　한편, 기업은 어디까지나 계속적으로 적정한 이익을 확보할 때 비로소 존속할 수 있다. 또한 이익을 냄으로써 기업에 종사하는 사람들도 건강하고 풍요로운 생활을 보장받게 된다. 따라서 기업에서 구성원의 행동은 그 하나하나가 이익 추구로 이어져야 한다.

　판매가, 원가, 이익의 관계를 보면, 다음의 세 가지 식이 있다.

　1) 판매가 − 원가 = 이익　　　결과관리

　　판매가를 올려서 이익을 확보한다.

　2) 판매가 = 원가 + 이익　　　원가주의

　3) 이익 = 판매가 − 원가　　　비원가주의 → 원가절감

　제품을 시장에 내놓을 때는 시세가 아니라, 여전히 2)의 식처럼 '원가는 얼마가 들었고 이익은 이쯤 필요하니, 둘을 합쳐서 판매가는 이 가격으로 한다'는 식의 예가 대부분이다.

　하지만 '판매가는 고객이 결정한다'는 발상으로 전환하지 않으면 어중간한 판매가격이 되어, 결국 '외국의 싼 제품에 밀려 팔리지 않는다' '경기가 좋아졌으면 좋겠다'고 푸념하는 것처럼 다른 곳에 책임을 전가하게 된다.

　도요타생산방식에서는 판매가에서 원가를 뺀 나머지가 이익이며, 판매가는 고객이 정하는 것이므로, 즉, 3)의 식을 기본으로 한다. 그렇다면, '이익은 원가절감으로만 확보할 수 있다'는 도식이 된다. 결국 기업이 살아갈 수 있는 길은 '철저한 낭비 제거' 외에는 다른 방법이 없는 셈이 된다.

요점정리
- 만드는 방법에 따라 원가는 바뀐다.
- 판매가는 시세로 결정한다.

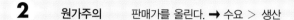

이익을 증대하는 방법

1 **결과 관리**   경쟁 기업이 있는 경우, 판매가 상승은 불가능하며 기업의 존속마저 위험하다.

2 **원가주의**   판매가를 올린다. ➡ 수요 > 생산

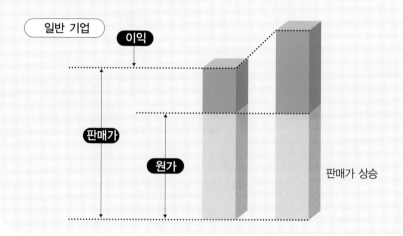

일반 기업

이익

판매가

원가

판매가 상승

3 **원가절감**   원가를 내린다. ➡ 수요 ≤ 생산

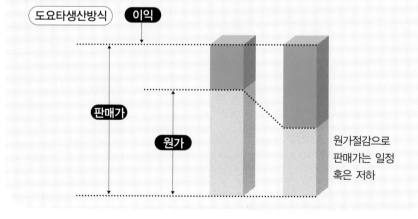

도요타생산방식

이익

판매가

원가

원가절감으로 판매가는 일정 혹은 저하

03 저스트 인 타임이란

— 후공정에서 전공정으로 필요한 물건을 필요한 때에 필요
한 만큼 가지러 간다.

제조의 기본은, 보다 좋은 제품을 보다 싸게, 보다 많은 사람들에게 시기적
절하게 공급하는 데 있다. 이 사고는 어느 시대에서도 변함이 없다.

제조에서 중요한 점은, '팔리는 물건만 만든다'는 것이다. 예전의 외형상의
수요나 섣부른 예측에 기초한 생산활동이 기업을 위험에 빠트리고, 거품경제와
IT 붐의 붕괴로 인해 과잉설비와 과잉재고가 얼마나 경영을 압박했는지 알고
있을 것이다.

팔린 물건만을 효율적이고 낭비 없는 방법으로 생산하는, 즉 판매되는 시점
에 맞춰 만드는 이 시스템이 바로 '저스트 인 타임'의 사고다.

저스트 인 타임은, 후공정에서 전공정으로 필요한 물건을 필요한 때에 필요
한 만큼 가지러 가는 것이다. 이를 철저히 하면, 전공정은 빠져나간 만큼 만들
게 되며, 팔리지 않는 물건은 결코 만들지 않는 시스템이 확립되어 불필요한 재
고가 생기지 않는다.

불필요한 재고를 갖지 않기 위해서는, 생산이 늦는 것은 괜찮지만 빠른 것은
오히려 나쁘다는 점을 인식해야 한다. 과잉생산, 조기생산을 인정하게 되면 불
필요한 재고가 발생하여, 저스트 인 타임은 기능할 수 없게 된다.

과잉생산을 방지하고, 택트타임(제4장 29항 참조)으로 물건을 만들기 위해서
는 수주생산을 충실히 추구해야 한다.

이를 위해서는 다음의 사항을 추진해간다.

1) 흐름생산 : 공정을 흐름화한다. 원칙은 한 개 흘리기.

2) 라인 택트타임 결정 : 구체적인 필요 수를 파악한다. 무엇을 얼마나 어느
   정도의 속도로 만들 것인가.

3) 후공정인수 : 생산지시정보의 일원화. 간반에 의해 구체화한다.

4) 준비교체시간 단축으로 소로트화

요점정리

- 품질, 코스트, 납기를 유지하여 상품을 제공한다.
- 팔린 물건만을 만든다.
- JIT를 말하기는 쉬우나 실행하기는 어렵다.

저스트 인 타임의 기본 원칙

기본 원칙	목표	대책	방법	도구·수단
공정의 흐름화		물건 흐름화 사람 다기능공화 설비 공정순 레이아웃	기계설비를 공정순으로 배열한다. 한 개씩 흘린다. 다공정담당	U자라인 혼류라인 로테이션 바톤터치존 다기능공화 훈련표
필요 수로 택트타임을 정한다.	변화에 대응 과잉생산을 없앤다. 리드타임 단축	표준작업 철저	택트타임 작업순서 표준재공품	부품별능력표 표준작업조합표 작업요령서 표준작업지도서 표준작업표
후공정인수		간반 운용	전·후공정 간 인수 보충생산을 연쇄적으로 이어가는 방식	생산지시간반 인수간반 임시간반
소로트생산		준비교체시간 단축으로 소로트생산	싱글준비교체 원터치준비교체	내준비[1]를 외준비[2]로 전환 내준비 개선 외준비 개선 조정 제로

1) 내준비, 2) 외준비: 제3장 26항 참조.

양에 의존하지 않는 제품생산
— 양산효과를 기대하지 않는 물건 만들기

양산효과는, 총비용 가운데 고정비를 많은 수량으로 나눔으로써 한 개당 비용을 줄이는 데서 발휘된다. 이 발상은 물자가 부족하고 모든 생산지수가 상승 국면이던 시대에서 통용되었다.

종래부터 양산효과를 발휘하는 대량 생산방식으로는 시장의 복잡한 요구에 대해 유연한 대응을 할 수 없어 결국 과잉생산의 낭비로 인해 오히려 비용을 높이는 경우가 발생하였다.

현재의 니즈는 다품종 소량으로서, 앞으로는 판매에 맞춘 생산방식으로 방향을 전환하고, 아울러 총비용을 억제하여 이익을 내야 한다. 이를 위해서는 총비용과 매출이 일치하는 손익분기점을 현재보다 낮춰갈 필요가 있다.

총비용은 주로 재료비, 외주비 등으로 이루어지는 변동비와, 주로 인건비, 감가상각비 및 간접부문비 등으로 이루어지는 고정비로 구성되어 있다.

손익분기점을 내리기 위해서는 고정비의 삭감, 그 중에서도 특히 인건비의 절감이 유효하다. 즉, 다기능공화 등으로 사람의 능력을 최대한 끌어냄으로써 인력절감을 추진하고, 낭비 제거로 생긴 여유인력을 활용하여 외주비용을 삭감해 갈 필요가 있다.

한편, 생산설비에 대해서는 즉시 개선활동을 함으로써 생산의 효율화를 우선하고, 아울러 핵심부품만 구매하여 설비투자를 최소화함으로써 감가상각비를 억제할 필요가 있다. 그 뒤 필요에 따라 기능을 추가해도 될 것이다.

또한 과잉생산의 낭비는 재료비·부품비·전력동력비를 먼저 소비하게 되고, 여분의 비용을 파생시키는 원인이 되는 예가 많다.

고정비의 절감에 대해서는, 다음의 표에 설비비와 인건비의 절감방법을 표시해 두었다. 또한 낭비 제거에 따른 비용절감, 고정비의 변동비화 등의 조치 사례를 열거하였다.

요점정리
- 감가상각비의 절감은 설비의 핵심부품 구매로
- 인건비의 절감은 다기능공화와 철저한 낭비 제거에 따른 인력의 활성화로

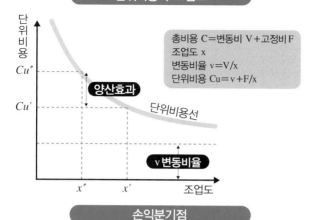

단위비용과 조업도

단위비용

Cu''

양산효과

Cu'

단위비용선

v 변동비율

x'' x' 조업도

총비용 C=변동비 V+고정비 F
조업도 x
변동비율 v=V/x
단위비용 Cu=v+F/x

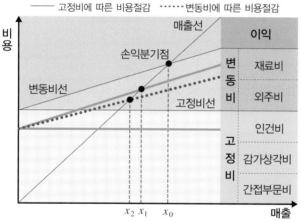

손익분기점

—— 고정비에 따른 비용절감 ·······변동비에 따른 비용절감

비용

매출선

손익분기점

변동비선

고정비선

x_2 x_1 x_0 매출

이익

| 변동비 | 재료비 |
| 외주비 |

| 고정비 | 인건비 |
| 감가상각비 |
| 간접부문비 |

고정비 절감방안 예

	설 비	사 람
비용절감	❶ 신규 설비의 최소투자 당초 최소 필요한의 기능을 갖춘 설비 구입, 그 후 필요에 따라 기능 추가 ❷ 기존 설비의 간이 자동화	❶ 준직접 부문 대기의 낭비, 운반의 낭비, 동작의 낭비, 수정의 낭비 등 철저한 제거 ❷ 간접 부문의 합리화 간접 업무의 기능 평가, 대책 수립
고정비의 변동비화	❶ 캐스터 부착 설비로, 생산량에 따라 이동을 자유롭게 하여 사용 ❷ 로봇의 다공정 담당 ❸ 리스방식 채용 ❹ 개보수 사용	❶ 간접 부문의 일부 직접화 ❷ 정원제 인원배치 폐지 소인화, 다기능공화 ❸ 아르바이트 등 임시사원 활용

05 전공정은 신(神), 후공정은 고객
— 전공정과 후공정에 대한 배려

제품 제작이나 작업을 맡아 하는 외부기업을 하청기업이라 한다. 도요타에서는 자기 회사에서 할 수 없는 일을 해주는 전공정은 어디까지나 '신(神)'이고, 자사의 생산의 일부를 맡아 협력해주는 '협력기업'이다. 한편, 자신이 담당하는 공정의 다음은 모두 '고객'이 된다. 생산라인의 후공정, 완성품의 운송업자, 판매점, 소비자 모두가 여기에 포함된다.

만드는 물건은 모두 100% 양품이어야 하며, 후공정에 불량품을 보내는 일이 허용되어서는 안 된다. 고객에게 필요한 물건을, 필요한 때에, 필요한 만큼 공급하는 일은 당연하다고 할 수 있다. 불량은 과잉생산과 마찬가지로 비용을 상승시키기만 하는 낭비인 것이다.

같은 물건을 대량으로 만들어 팔고도, 재고 또한 어떻게든 모두 팔았던 시대라면 모를까, 오늘날의 물건 만들기는 팔린 물건만큼을 만들고, 판매에 맞춰 만들지 않으면 경쟁력을 갖출 수가 없다. 제멋대로 수요를 예측하여 물건을 만드는 것이 아니라, 변동하는 수요에 맞춰 항상 고객을 의식하여 물건을 만들지 않으면 많은 재고를 떠안게 된다.

그렇다고 해서 고객을 기다리게 해서는 고객을 만족시킬 수 없다. 리드타임의 단축, 재빠른 준비교체의 실현 등, 고객을 기다리지 않게 하는 궁리와 개선이 필요하다.

같은 공장 내, 사내라도 '후공정은 고객'이라는 관점을 잊어버려서는 안 된다. 예를 들면, 같은 공장 내라도 조립 공정에 부품을 공급할 때 배열도 뒤섞이고 기름이 묻은 상태로 진행한다면, 조립 공정은 바로 작업에 착수할 수 없다. 조립작업에 즉시 전념할 수 있다면 작업효율은 상당히 올라갈 것이다.

앞으로는 자기 공정의 생산성만이 아니라 후공정을 의식한 생산을 해야 한다. 다음 표는 물건 만들기에 공헌한 개선활동 사항이다.

요점정리
- 납입처/협력기업과의 공존공영
- 어떻게 하면 후공정에서 일을 편하게 하도록 할까.
- 불량품은 받지도 않고 넘기지도 않는다.

전공정은 신(神), 후공정은 고객

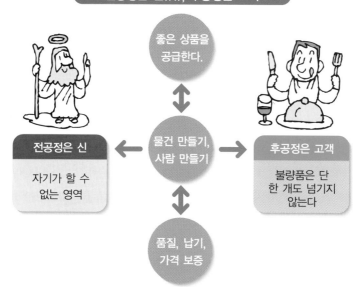

좋은 상품을 공급한다.

전공정은 신	물건 만들기, 사람 만들기	후공정은 고객
자기가 할 수 없는 영역		불량품은 단 한 개도 넘기지 않는다

품질, 납기, 가격 보증

개선활동을 추진하기 위한 방법과 개념

활동명	목 적	특 징	범 위
개선제안 (제안제도)	• 직장 업무의 개선활동 • 사원의 의견을 경영에 반영	• 전원이 참여 • 조치 간단 • 기한이 한정되지 않는다.	전원 전 부문
TQM (종합적 품질관리)	• 품질을 중심으로 한 업무 개선 • 품질관리, 생산관리, 원가관리 제품기획, 설계, 구매, 영업	• 방침관리, 일상관리 • 직장의 활성화(QC 서클 활동) • 비교적 대처하기 용이	전원 전 부문
TPM (전원참가의 설비보전)	• 설비의 종합적 효율화 • 생산보전의 토털시스템 개선	• 전원 참가의 설비 보전 • 설비의 가동률 향상 • 설비에 강한 인재 육성	설비계획 제조 보전 부문
VA/VE (가치분석/ 가치공학)	• 제품의 필요기능을 최저비용으로 얻기 위한 수법 • 설계 · 제조 · 시스템의 원가절감	• 개발 · 양산 설비의 비용절감법 • 제품을 기능과 목적으로 파악	설계 조달 제조 부문

IE (생산공학)	• 사람 · 물건 · 설비로 이루어지는
	  생산시스템을 경제성에 기초하여
	  설계하고, 성과를 예측하는 기술
		• 공정 분석, 동작 분석, 가동 분석,
		  운반 분석, 분배 분석, 라인밸런스
		• 이론적이고 전문적
			주로
			제조 부문

TPS (도요타 생산방식)	• 저스트 인 타임 • 인변의 자동화 • 철저한 낭비 제거	• 생산혁신 • 철저한 합리화 개념과 방법 • Top Down, Bottom Up	주로 제조 부문

06 재고는 죄악

— 재고는 자산이 아니다.

아직도 만들기만 하면 팔리던 시대의 사고를 계속 고집하는 사람들이 많은 듯하다. 대량으로 생산한 후 재고로 안고 있어도 큰 가격하락 없이 팔리던 것은 과거의 일이다. 특히 인플레이션으로 인해 오늘보다 내일이 더 비싸게 팔리던 경우도 있었다.

지금은 저성장 내지는 마이너스 성장으로 소비자의 기호도 다양해졌다. 또한 상품 중에는 유효기간이 까다로운 것도 있다. 아무리 제품을 만들어도 생각처럼 팔리지 않는 상황이다. 게다가 계속 신제품까지 등장하고 있다. 일단 팔다가 남은 제품은 시장가격이 급격하게 떨어지는 것이 현실이다.

한꺼번에 많이 만들어서 싸게 만들 생각이었겠지만, 팔고 남은 재고는 자산도 아닐 뿐더러, 재고품을 보관하기 위한 불필요한 비용이 들어갈 뿐이다. 일단 과잉생산의 낭비를 허용하면, 낭비가 또 다른 낭비를 낳는 악순환에 빠지게 된다.

따라서 도요타에서는 '재고는 죄악'이라고 보고, 이에 따라 '필요 수'를 엄격하게 파악하고 있다. 여기서 말하는 필요 수는 시장의 동향, 즉 판매에 따라 결정되는 것으로, 공장 측의 형편에 따라 마음대로 증감할 수 있는 것이 아니다. 필요 수에 따라 필요한 것을 필요한 때에 만드는 것이 도요타생산방식의 기본적인 사고방식이다. 기계를 완전 가동하여 물건을 최대한 만들어내는 쪽이 득이라고 생각하는 것이 아니라, 팔리는 만큼 물건을 만들고 기계를 멈추는 것이다. '몇 개 만들었는지'가 아니라 '몇 개 팔았는지'로 판단하고, 여분의 물건은 일체 만들지 않는 것을 기본으로 한다.

더구나 오늘날처럼 시장의 니즈가 다양해지고, 다품종 소량생산이 요구되는 시대에는 양산으로 원가를 싸게 하는 방식은 통하지 않는다. 판매에 맞추는 생산방식으로 전환하지 않으면 기업은 생존하기가 어렵다.

요점정리
- 팔리는 물건만큼 만든다는 마음가짐이 중요
- '만든 뒤에 얼마'가 아니라 '팔아서 얼마'라는 개념의 물건 만들기

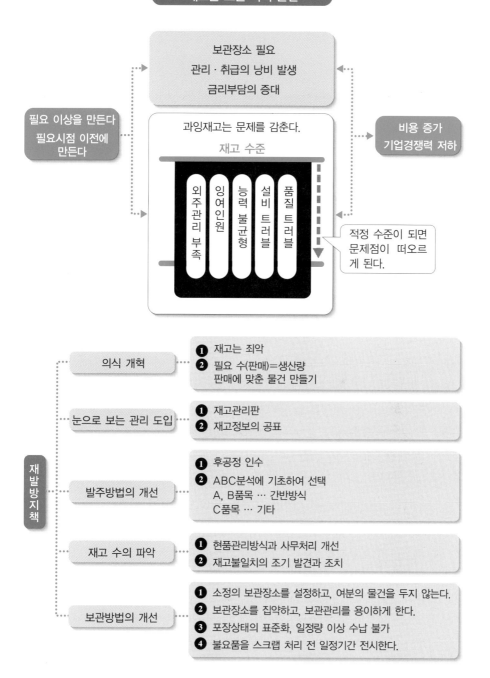

재고는 모든 악의 근원

보관장소 필요
관리 · 취급의 낭비 발생
금리부담의 증대

필요 이상을 만든다
필요시점 이전에
만든다

비용 증가
기업경쟁력 저하

과잉재고는 문제를 감춘다.

재고 수준

외주관리 부족
잉여인원
능력 불균형
설비 트러블
품질 트러블

적정 수준이 되면
문제점이 떠오르
게 된다.

재발방지책

의식 개혁
❶ 재고는 죄악
❷ 필요 수(판매)=생산량
판매에 맞춘 물건 만들기

눈으로 보는 관리 도입
❶ 재고관리판
❷ 재고정보의 공표

발주방법의 개선
❶ 후공정 인수
❷ ABC분석에 기초하여 선택
A, B품목 … 간반방식
C품목 … 기타

재고 수의 파악
❶ 현품관리방식과 사무처리 개선
❷ 재고불일치의 조기 발견과 조치

보관방법의 개선
❶ 소정의 보관장소를 설정하고, 여분의 물건을 두지 않는다.
❷ 보관장소를 집약하고, 보관관리를 용이하게 한다.
❸ 포장상태의 표준화, 일정량 이상 수납 불가
❹ 불요품을 스크랩 처리 전 일정기간 전시한다.

07 사람의 능력을 최대한 활용한다
— 사람이 중심, 사람이 주역인 물건 만들기

만드는 방법은 시시각각 변화한다. 하지만 낭비를 없애고, 좋은 물건을 좋은 생각으로, 게다가 싸게 만든다는 기본은 어느 시대에도 결코 바뀌지 않는다. 아무리 사회 조건이 바뀌어도 계속해서 고객을 창출해내는 일은 기업의 사명이자 과제다. 변화를 가능하게 하는 것은 '사람의 지혜'이자, '사람 중심의 물건 만들기'로서 이는 결코 변함이 없다

도요타생산방식은 지혜를 내어 일하는 사람이 있어야 비로소 성립되며, 매일 진보해 간다. 이는 하루 아침에 이루어지는 일이 아니다. 모든 사람의 사고력을 존중하는 '인간성 존중'을 기초로, 간반방식이나 안돈과 같은 '눈으로 보는 관리'의 시스템도 필요하게 된다. 도요타생산방식은 물건을 만드는 방법에 대한 수단이나 수법일 뿐만 아니라, 물건을 만들고 서비스를 제공하는 사람을 육성하여 어떻게 그 힘을 이끌어낼 것인가에 대한 경영시스템이기도 하다.

도요타생산방식은 사람의 능력을 최대한 활용함으로써, 다품종·소량을 원하는 고객의 니즈에 신속하게 대응하는 시스템이다. 여기서 사람의 능력을 활용한다는 표현의 배경에는 다음과 같은 사고가 있다.

1) 사람의 능력은 계측할 수 없다.

사람의 능력은 환경 조건이 갖춰지면 놀랄 정도로 향상된다. 어디까지 향상될지 예측할 수 없기 때문에 설비 능력과 같이 고정적으로 파악할 수 없다.

2) 사람의 능력을 활용하지 않는 것은 경영상의 커다란 낭비다.

사람이라는 경영자원에 대해, 본래의 능력을 충분히 이끌어내는 시스템을 갖춰야 한다.

3) 사고력이나 지혜를 내는 힘을 가장 존중해야 한다.

사람이 진정으로 의욕을 갖게 되는 것은 금전적인 보수나 평가에 의한 보수 등이 아니라 지혜를 낼 수 있는 기회가 부여되었을 때다.

요점정리
- 개인의 욕구와 기업의 욕구를 일치시킨다.
- 자아실현이라는 욕구의 충족
- 사고력, 지혜를 내는 힘을 활용

개인의 욕구와 기업의 욕구

매슬로우의 욕구 5단계

❶ 생리적 욕구

❷ 안전과 안정의 욕구

❸ 사회적 욕구

❹ 자아의 욕구

❺ 자기실현의 욕구

능력 개발
목표 달성

사원
개인의
욕구

일

기업의 목적·
목표 달성

기업의
욕구

현장 작업자의 능력 발휘와 활용의 예

❶ 표준작업

❷ 이상 감지,
판단, 조치

❸ 다기능공화

❹ 설비 보전
기술 개선
기술 습득

❺ 개선 실행

도요타생산방식에 의한 인재 활용

		도요타생산방식	일반 생산방식
❶	작업 표준화	• 표준작업을 현장에서 작성한다. • 작업자의 의견도 수용하여 끊임없이 개정한다.	• 스태프가 작성한다. • 가공지시서에 가깝다.
❷	이상 시 대응	• 현장 곳곳에 이상/정상을 판단하는 시스템이 있어 작업자 자신도 이를 담당한다.	• 이상 검출력이 낮다. • 큰 문제만 표면화한다.
❸	다기능공화	• 다기능화율 향상을 목표로 계획적으로 추진한다.	• 필요성은 느끼고 있다. • 조직의 벽이 보인다.
❹	설비취급방법	• 사람이 설비를 이용하여 물건을 만든다. • 설비를 원활하게 다루는 기능을 습득한다.	• 설비가 물건을 만들고, 사람은 보조자 역할을 한다. • 설비 보전은 보전담당의 일이다.
❺	개선활동	• 개별적 테마의 개선활동을 일상적으로 추진(품질, 생산성 향상 등)하고, 자주연구회도 추진한다. • 이상적인 모습의 실현을 목표로 기술스태프와 협력하고, 곤란한 테마에 도전한다.	• 현장작업자의 일은 아니다. • QC서클이 활발한 기업도 보인다.

생산/유통/소비 안에서 환경과 공생
— 환경경영은 성장의 대전제

지구온난화나 오존층 파괴와 같은 지구 전체의 환경문제가 일어나고 있다. 자동차에서는 배기가스에 있는 질소산화물(NO_x) 등의 유해물질과, 지구온난화의 원인이 되고 있는 CO_2의 감소가 2대 해결과제다.

CO_2를 줄이는 데는 자동차의 연비 향상으로 소비연비를 줄이는 방법이 있다. 각 업체들도 기술 개발에 몰두하고 있지만, 종래 엔진으로는 거꾸로 질소산화물이 증가하여 한계가 지적되고 있다.

여기서 대폭적인 연비 개선과 배기가스 안의 유해물질 감소를 동시에 실현하기 위해 주목받고 있는 것이 하이브리드 자동차다. 하이브리드 자동차는 가솔린 엔진과 전기모터를 조합한 것을 동력 구조로 사용한다. 다음으로 '꿈의 저공해차'라고 불리는 연료전지차가 꼽힌다. 연료인 수소와 공기 중의 산소를 반응시켜 발전하기 때문에 배출되는 것은 물뿐으로 유해한 배기가스는 나오지 않는다. 도요타와 혼다가 실용화 단계에 있다.

폐차할 때 자동차 자체가 환경에 미치는 영향을 줄이기 위해 수명이 다된 자동차의 리사이클도 중요하다. 재사용할 수 있는 부품이나 소재를 회수한 뒤에 남은 파쇄쓰레기는 거의 대부분이 매립되었으나, 일본에서는 2004년도에 시행된 자동차 재생법으로 업체에게 재사용 의무가 부과되고 있다. 지난해까지 재생률이 75%였으나, 일본 정부는 95%를 목표로 내세우고 있다.

재생률의 향상에는 파쇄쓰레기의 리사이클이 불가결하다. 환경플랜트 업체는, 용매 등을 사용하여 소재별로 회수하는 재료리사이클이나 가스화 용해로기술을 활용하여 발전하는 장치를 개발하여 산업폐기물 업자에게 판매하고 있다.

자동차업체도 기획·개발 단계부터 리사이클 가능한 소재를 활용하거나 모듈화, 부품수의 감소, 수지재료의 통합으로 해체성을 높여 분별 수집하는 수고를 줄이고 있다. 내장재로 CO_2를 많이 흡수하는 소재, 미생물에 의해 분해되는 수지도 등장하고 있다.

요점정리
- 지구온난화 방지를 위한 CO_2배출량 감소
- 에너지 절약, 리사이클의 추진

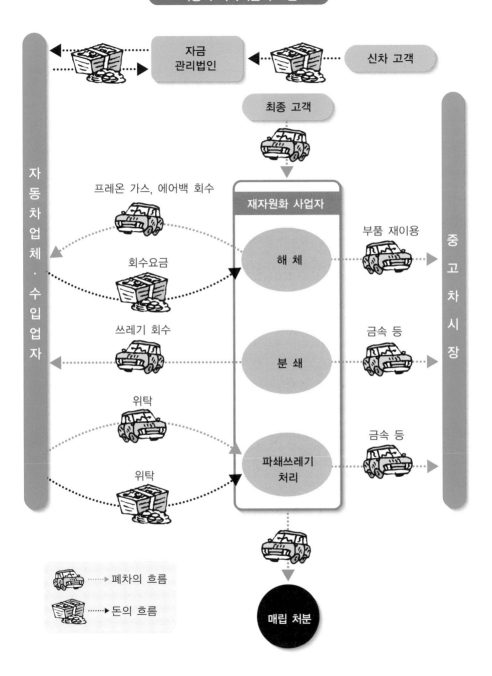

자동차 리사이클의 흐름

자금
관리법인

신차 고객

최종 고객

프레온 가스, 에어백 회수

회수요금

재자원화 사업자

부품 재이용

자
동
차
업
체
·
수
입
업
자

해 체

중
고
차
시
장

쓰레기 회수

분 쇄

금속 등

위탁

위탁

파쇄쓰레기
처리

금속 등

폐차의 흐름

돈의 흐름

매립 처분

계열과 협력관계
— 새로운 계열적인 협력관계 모색=베스트 파트너

계열이란, 자본·인적관계, 장기지속 거래, 긴밀한 정보공유 등을 배경으로 한 자동차업체와 부품업체 쌍방에게 경제적이면서 합리적인 관계를 말한다. 장기적인 시야로 설비 투자나 연구개발체제 강화에 힘씀으로써, 약한 부품업체에서 디자인 내부 개발 수준의 관계를 가질 정도의 강력한 전문부품업체로 성장하여, 그 결과 계속적인 원가 절감이나 품질 향상을 실현한다.

자동차는 대략 3만 개의 부품으로 구성되어 있는데, 그 70~80%는 부품업체에서 구입한다. 자동차업체에게 부품의 코스트나 기술 개발력은 중요하기 때문에 계열이 분산되고, 구미형 조달시스템(경쟁입찰, 단일연도 계약 등)이 도입되고 있다.

하지만, 범용의 일반 부품과 달리, 자동차의 기본 기능에 직결되는 전문 부품까지 부품업체에 의존하면, 독자기술의 우위성을 상실할 위험이 있다.

전문 부품의 설계는 내부 디자인 설계가 불가결하며, 긴급 설계 변경에 대한 대응력이나 속도가 요구된다. 게다가 세계적인 생산거점에 적절한 공급수단, 양적인 변동에 대한 대응력을 확보해야 하는 등의 필요성으로 인해 새로운 계열의 협력관계가 모색되고 있다.

종래 자동차업체의 생산은 100% 사내 조립이었으나, 부품업체로 일부 이관하는 움직임이 나타나고 있다. 구미에서 시작된 모듈화가 그 전형적인 예로 일본에서도 도입하기 시작했다.

일반적으로 모듈화하게 되면 납입품은 대형화되고, 운송비용도 올라가기 때문에 최근 일본에서도 새틀라이트(Satellite) 공장이 생겨나고 있다. 이것은 부품업체가 자동차업체의 조립공장 내에 장소를 빌려, 부품업체가 모아온 부품을 그곳에서 조립하여 그대로 라인으로 공급하는 방식으로, 생산협력의 새로운 모습이라고 할 수 있다.

요점 정리
- 협력회사(계열)가 생산에 활용된다.
- 내부 디자인 개발을 실현하는 새로운 모습을 지향한다.
- 부품업체 공장의 새틀라이트 방식의 도입.

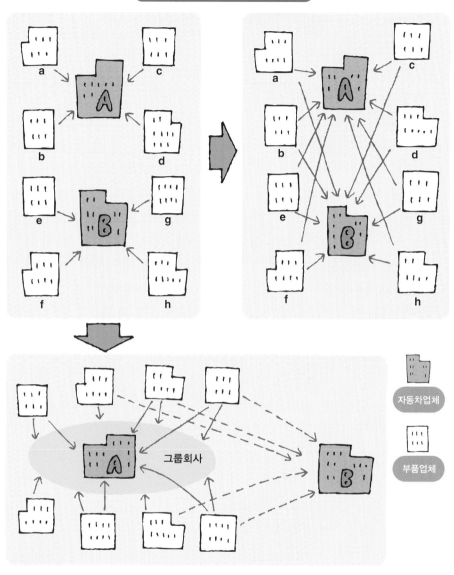

계열의 변화

자동차업체

부품업체

그룹회사

용어 해설

차의 기본 기능 : 달리고, 돌고, 멈추는 기능 외에 외관도 중요

전문 부품 : 독자설계부품 또는 부품업체와의 공동개발부품

모듈화 : 부품업체가 시스템 구성부품을 모아 조립함으로써 자동차업체에서 하던 개별 부품의 조립
        을 없애는 방식. 대시보드, 시트어셈블리, 도어어셈블리 등과 같은 유닛으로서의 조립품으
        로, 이는 차 일부분의 조립을 담당하는 셈이 된다.

제1장 도요타생산방식의 본질 **19**

10 감독자의 역할
— 감독자는 라인의 책임자

감독자는 도요타생산방식을 숙지하고, 목표를 향한 철저한 낭비 제거, 다시 말해 지속적인 개선을 추진하기 위한 실질적인 책임자다. 또한 생산관리상 감독자에게는 두 가지 역할이 있는데, ① 양의 확보와 품질보증, ② 공수절감을 위한 개선활동이 그것이다.

하지만, 이 두 가지에는 상반되는 요소가 있어, 양쪽을 다 만족시키기 위해서는 현장과 밀착하여 항상 현장을 정확히 관찰해야만 한다.

작업 배분, 작업방법의 교육, QCD계획의 달성, 설비 보전, 재료 수배, 준비교체 등 현장의 관리요소를 조정하고, 게다가 표준화하여 '이상'을 알 수 있도록 하며, 이들 '이상'을 누구라도 보면 알 수 있도록 하는 일이 관리의 포인트가 된다. 라인 정지나 불량 발생은 알기 쉽지만, 비용 증가의 이상은 알기 어렵기 때문에 특히 주의할 필요가 있다.

감독자는 이상이 발견되면 라인을 멈추고, 멈춘 라인은 문제를 드러내도록 해주었다는 생각으로, 필사적으로 근본적인 문제 해결을 해야 한다. 문제의 해결 순서는 우선 작업 개선을 하고 나서 설비 개선을 하는 순서를 확실히 지키는 것이 중요하다. 무리한 공수를 들여서도 안 되고, 개선안은 정착시킬 수 있어야 한다.

감독자는 라인에 계속 들어가 있어서도 안 되고, 전혀 들어가지 않는 것도 좋지 않다. 개선점을 찾아내기 위해 해보거나, 직접 하면서 보여줄 필요가 있다. 감독자의 마음가짐을 정리하면 다음과 같다.

① 항상 현장을 보고 있을 것(이상을 찾아내는 눈을 지닌다.)
② 부하를 제대로 통제하고 지휘할 것(자신의 생각대로 시킨다.)
③ 넓은 시야로 전체를 보고 판단할 것(항상 전체를 최적으로 본다.)

요점 정리
- 이상의 조기 발견과 조치 그리고 계속적인 개선
- 양의 확보 · 품질보증 · 공수절감의 실질적인 책임자

감독자의 자질과 역할

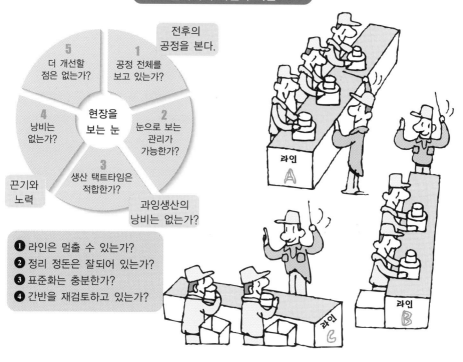

현장을 보는 눈

1. 공정 전체를 보고 있는가?
   - 전후의 공정을 본다.
2. 눈으로 보는 관리가 가능한가?
3. 생산 택트타임은 적합한가?
   - 과잉생산의 낭비는 없는가?
4. 낭비는 없는가?
5. 더 개선할 점은 없는가?

끈기와 노력

❶ 라인은 멈출 수 있는가?
❷ 정리 정돈은 잘되어 있는가?
❸ 표준화는 충분한가?
❹ 간반을 재검토하고 있는가?

개선의 스텝

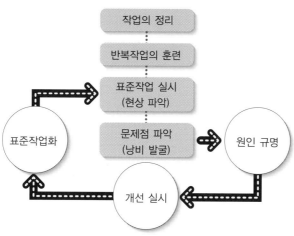

작업의 정리

반복작업의 훈련

표준작업 실시
(현상 파악)

문제점 파악
(낭비 발굴)

원인 규명

개선 실시

표준작업화

용어 해설

QCD : 품질(Quality), 코스트(Cost), 납기(Delivery)

11 자주연구회 활동으로 개선체질 만들기
— 도요타생산방식의 자주연구회

'자주연(自主研)'이란, 도요타생산방식의 자주연구회(自主研究會)의 약칭으로 도요타생산방식의 관점과 사고를 자사 내 또는 자기 공정 내에 도입하기 위해 개최하는 연구회의 명칭이다. 자사만이 모기업으로부터 특별 지도를 받는 경우도 있으나, 통상은 모기업의 지원 아래 협력회의 구성회사 몇 개사가 모여 하는 그룹연구방식('합동 자주연구회'라 부름)을 취하고 있다.

합동 자주연구회는 1년을 단위로 하는 활동으로, 연초에 전체 활동계획을 세운다. 우선 테마, 참가회사(멤버)와 회장회사를 정한다. 이어서 멤버가 기초 교육을 받고, 자사의 대상 현장을 사전에 실태 조사한 뒤, 합동 자주연구회가 발족된다.

기초 교육에서는 도요타생산방식의 연구회에서 지원 기업의 강사에 의해 알기 쉬운 개선사례를 포함시킨 실천도입교육이 이루어진다.

합동 자주연구회는 계획에 기초하여 수회에 걸쳐 실시된다. 즉, 그룹멤버가 회장회사에 모여, 회장회사의 활동테마의 개선에 참가하고, 실천활동을 통해 개선수법을 체득하도록 진행된다. 이런 과정은 회장회사에 성과를 남김과 동시에 멤버가 자사에서 추진할 수 있는 지도력을 습득할 수 있도록 하는 셈이다.

자사 전개는 각사의 톱 주도하에, 합동 자주연구회와 병행하여 등록테마를 기초로 실시된다. 멤버가 합동 자주연구회에서 체득한 개선수법을 자사 내에서 전개함과 동시에 성과를 올리게 함으로써 개선활동의 정착을 목표로 진행한다.

합동 자주연구회의 성과는 연간계획을 근거로 확인되며, 지원자의 점검을 받아 합동발표회에서 발표된다. 자사 전개의 자주연구회도 마찬가지로, 활동성과는 톱의 확인을 받아 사내발표회에서 발표된다. 최종점검은 사전조사결과와 대응시켜 이루어지며, 합동발표회는 멤버 전원이 참가하여 각 사의 현장을 순회하는 방식으로 이루어진다.

요점정리
- 도요타생산방식의 레벨 업으로 기업체질 강화
- 항상 현장에서 기초 교육부터 자사 전개까지
- 인재육성과 개선실시 효과의 양립

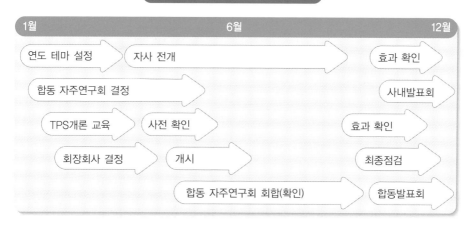

활동의 진행방법

1월	6월	12월

- 연도 테마 설정
- 자사 전개
- 효과 확인
- 합동 자주연구회 결정
- 사내발표회
- TPS개론 교육
- 사전 확인
- 효과 확인
- 회장회사 결정
- 개시
- 최종점검
- 합동 자주연구회 회합(확인)
- 합동발표회

자주연구회의 종류

구 분	목 표	활 동
기초교육 TPS연구회	생산성 향상을 개선(제안)할 수 있는 인재를 육성한다.	❶ 교재에 의한 집합교육 ❷ 전년도 회장회사의 사례연구
합동 자주연구회 회장회사에서	실천을 통해 개선방법을 체득하고, 실천력을 익힌다.	❶ 개시 때까지 자사 전개하고, 문제점을 드러나게 한다. ❷ 개선제안의 실천, 효과 확인
자사 전개 자사 내에서	원가절감목표를 달성한다.	❶ 톱 주도의 자주연구회 ❷ 사내 멤버의 결정 ❸ 테마, 목표의 명확화

TPS 자기평가표의 예

No		A	B	C	D	E	사전	사후	평가
1	물건과 정보의 흐름	자사에서 작성 활용 중	일상 관리에서 활용	자사에서 작성 가능	목적이해 작성불가	들어본 적 있음			
2	표준작업표	↑	↑	↑	↑	↑			
3	원 단위	↑	↑	↑	↑	↑			
4	준비교체 표준작업표	↑	↑	↑	↑	↑			

12 안전 확보는 최우선
— 안전행동과 기계설비의 근본적인 안전

안전은 환경과 함께 기업의 근간을 이루는 중요한 항목이다. 최근의 도요타에서는 도요타생산방식의 이념인 '인간존중'과, '안전은 매니지먼트 그 자체이며, 톱(top)을 비롯한 전체 모두에게 안전 최우선을 사명으로 한다'는 기본방침 아래, ① 중점재해, 중점질병 근절에 도전, 사전방지체제와 체질의 강화, ② 심신이 건전한 직장 환경 만들기에 임하고 있다. 그리고 안전은 사람과 물건이 관계되는 문제로서, ① 안전한 행동을 할 수 있는 사람과 직장 만들기, ② 설비의 근본적인 안전화를 각 직장 단위로 전개하고 있다.

재해의 대부분은 사람의 불안전한 행동이나 기계설비의 불안전 상태에서 발생하고 있다. 기계설비의 근본적인 안전화(작업자가 불안전한 행동을 하더라도 작업자의 안전이 확보될 수 있는 기계설비의 제공)의 조치가 강화되고 있다. 최근의 기계설비는 자동화, 소프트제어가 진전되어 위험요인이 보이기 어렵게 되어 있으므로, 대응책으로 포카요케(Fool Proof, 바보도 작업할 수 있도록 만든 장치) 등을 많이 사용하고 있다

재해발생은 대개 사람이 기계설비에 대해 부주의한 접근을 하거나 갑작스런 기동에 대해 미처 대응하지 못하는 것이 원인이다. 이 때문에 순간정지나 고장의 복구조치 후, 그리고 불량 발생이나 작업 중단 시의 표준 외 작업에서 피해방지활동에 대한 인식이 중요하다.

도요타에서는 일상작업을 시작할 때, 안전 확인과 비정상 작업을 실시할 때 4R-KYK(4라운드 위험예측활동)를 실시한다. 1인 작업이라도 1인KYK를 실시하도록 교육, 훈련하고 있다.

노동재해의 방지도 중요사항이다. 특히 중량물 작업에서는 작업 자세, 회수와 시간을 계수화하여 평가하고, 작업환경(화학물질, 분진 등의 제거, 전환)의 개선을 촉진하고 있다.

요점정리
- 안전은 매니지먼트 그 자체
- 안전한 행동을 할 수 있는 사람과 직장 만들기
- 엎질러진 물은 도로 담을 수 없다.

기계안전에 관한 기본

1 환경이 갖추어지지 않으면 사람의 인식은 바뀌지 않는다.
　(재해방지는 사람의 불안전 상태의 제거와 의식 교육)

2 근본적인 안전화
　심플하고 소형
　순간정지 감소
　신뢰성 향상
　안전의 용이성
　원천방지화

기본 기준
안전장치요소 기준
설비타입별 안전기준

재해발생의 구조

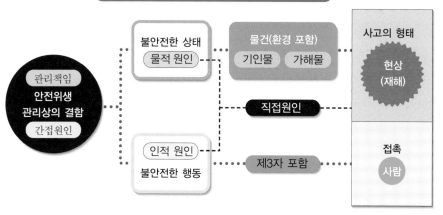

관리책임
안전위생
관리상의 결함
간접원인

불안전한 상태
물적 원인

물건(환경 포함)
기인물　가해물

사고의 형태
현상
(재해)

직접원인

인적 원인
불안전한 행동

제3자 포함

접촉
사람

출처 : 協豊會, 안전위생연구회 '안전위생스태프 양성강좌 교재'를 기초로 작성

4R-KYK

1 현상 파악 : 위험요인을 찾아낸다(~하므로, ~하게 된다).

2 본질 추구 : '이것이 위험포인트다!'를 정한다.

3 대책 수립 : '이렇게 하면 안전하다'를 정한다.

4 행동 설정 : 따라서 우리는 이렇게 한다(~를 ~하여~하자! 좋아!).

【사용방법】 조례나 작업을 시작할 때(특히 비정상 작업 때)

13 쓰레기 제로 공장을 목표로
— 공장 내 폐기물 감소는 모델현장을 정해서

일반적으로 제조공장에서는 제품의 생산과 함께 어떤 유형의 폐기물이나 배출물이 발생하게 된다. 폐기물에는 소각쓰레기와 매립쓰레기, 배출물에는 오수와 폐가스 등이 있으며, 모두 환경오염원으로서 감소 및 제로화가 강력히 요구되고 있다. 그중에서도 폐기물은 매립지와 소각장 문제로 주목받고 있다.

매립쓰레기란, 단열재, 내화물, 화학처리 슬러지(도장처리 찌꺼기 등), 바닥이나 통로 청소 쓰레기 등 리사이클이 어려운 불연물을 의미한다. 소각쓰레기란, 부품뚜껑, 이형제(離型劑), 도장 마스킹 테이프, 포장재 등 재사용하기 어려운 가연물이 해당한다.

제조공장의 폐기물 감소는 전사가 일제히 참여하기보다 회사 목표와 모델현장을 정해, 프로젝트 팀에 의해 계획, 실시, 평가하는 방법을 추천한다. 실제로는 쓰레기의 종류를 세분화한 관리표를 작성하고 발생구조를 조사하여, 재이용, 대체, 리사이클, 다른 상품으로의 재자원화 등으로 개선내용을 명확하게 하여 추진할 필요가 있다.

어느 자동차업체에서는 '섞이면 쓰레기, 구분하면 자원!'이라는 슬로건을 내걸고, 모델공장의 성과를 전사, 전사업소로 전개하여, 공장의 매립쓰레기 제로화를 실현하였다. 나아가 소각쓰레기 제로에 도전하고 있다. 또한, 매립쓰레기 제로화의 예로서, 부품뚜껑의 납품업체 재사용, 폐플라스틱의 연료화, 도장 마스킹 테이프의 폐지(색 테이프화)와 폐기물이 나오지 않는 라인조성 등이 있다.

최근에는 제품의 사용수명 내에서 폐기물과 CO_2 등의 감소조치가 요구되고 있기 때문에, 신제품의 기획, 설계단계부터 제로화를 목표로 한 연구를 시작하고 있다.

아울러, 공장의 에너지 절약을 도모하고 재료수율 향상과 불량 제로를 추진하고 있다. 가능하면 ISO14001 인증을 취득하기 위한 노력도 사회요구에 부응하는 길이다.

요점정리
- 섞이면 쓰레기, 구분하면 자원
- 신제품의 기획, 설계 단계부터 '제로화'를 목표로 한다.

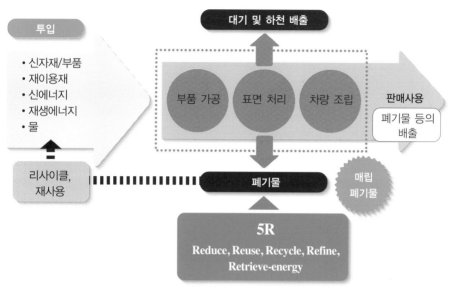

출처 : 도요타자동차 환경보고서(2003)

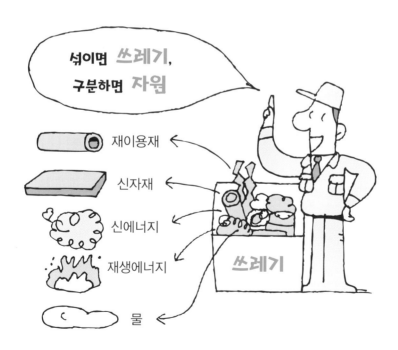

TPS란?

지금은 세계 최강 기업에 속하는 도요타자동차. 그 성장의 커다란 바탕이 되었던 것은 1950년에 경험한 도산위기 때, 필사적으로 만들어 낸 '저스트 인 타임'과 '인변의 자동화'를 두 기둥으로 한 생산시스템이다. TOYOTA Production System, 즉 줄여서 'TPS'라고 한다.

편의점 방식에서 힌트를 얻었는데, 편의점에서는 소비자가 매장을 돌면서 필요한 물건만을 구매한다.

이것을 자동차 생산에 응용하여 실천한 사람이 TPS의 대부로 불리는 오노 다이이치(大野耐一)다. 1954년에 운용의 도구로서 '간반'을 도입하였다.

TPS는 고정된 생산방식이 아니라, 매일 진화하는 것이다. 고객에게 좋은 제품을 빠르고 싸게 제공하기 위해서는 어떻게 하면 좋을까를 생각하며, 생산과 물류의 시스템 등을 시대의 요청에 맞춰 변화시키고 있다.

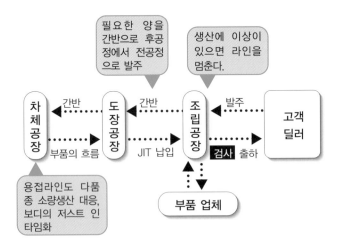

도요타생산방식의 요점

| 필요한 양을 간반으로 후공정에서 전공정으로 발주 | 생산에 이상이 있으면 라인을 멈춘다. |

차체공장 ← 간반 ← 도장공장 ← 간반 ← 조립공장 ← 발주 ← 고객 딜러

차체공장 → 부품의 흐름 → 도장공장 → JIT 납입 → 조립공장 검사 출하 → 고객 딜러

조립공장 ← 부품 업체

용접라인도 다품종 소량생산 대응, 보디의 저스트 인 타임화

제 **2** 장

품질보증

14 사이언스 SQC를 간접 부문에 전개
— 도요타의 SQC 르네상스

　도요타에서 시작한 '사이언스 SQC'는 주로 제조와 기술 부문에서 사용되던 문제 해결 수법을 관리·판매·서비스 부문 등의 간접 업무의 문제 해결에 활용하는 것을 목적으로 시작되었다.

　지금까지 계량·계수치를 기준으로 하는 물건의 품질 문제 해결에서, 언어 정보를 기준으로 하는 업무 질의 문제 해결로 전개된 것인데, 이를 'SQC 르네상스'라고도 부른다.

　사이언스 SQC는 간접 업무 프로세스의 장벽인 '암묵의 지식'을 '명백한 지식'으로 바꾸는 수단·방법의 체계로서 사용되어, 경영적 관점에서 본 네 가지 중심 원리로 구성되어 있다. 과학적인 어프로치에서는 해석 편중이 아닌 문제 설정부터 목표 달성까지 과학적·귀납적인 SQC수법을 활용함으로써 뛰어난 통찰력을 발휘한다.

　문제 해결의 방법으로는 축적된 기술을 활용하고, Q7·N7, 기초적인 SQC 수법, 다변량해석법, 실험계획법 등의 QC수법을 사용하여 문제의 질적 구조를 해석한다. 통합네트워크에서는 중요한 기술과제 해결을 정확하게 추진하거나, 암묵적 지식이 명백한 지식이 되도록 지원하기 위해 등록·검색, SQC 정석활용집, 실천매뉴얼, 문제 해결의 흐름도를 조합하여 사용할 수 있도록 한다. 매니지먼트 SQC에서는 뿌리 깊은 기술과제를 해결하기 위해 잠재된 암묵의 지식을 명백한 지식으로 바꾸고, 기술수준을 높여, 신기술, 신제법, 신재료 등의 개발에 공헌할 수 있도록 한다.

　사이언스 SQC를 활용하기 위해서는 SQC 방법을 이해하고 응용하는 일이 중요하므로, 연수코스를 정비하고, 수료자를 SQC 전문 스태프와 전문 어드바이저로 자격화하고 있다. 그들이 각 직장과 회사의 추진 리더와 담당자로서 실천·지도하여 시너지효과를 낼 수 있도록 하고 있다.

요점정리	• 암묵적 지식을 명백한 지식으로 바꾸는 사이언스 SQC
	• Q7, N7 등도 활용
	• 전문 스태프와 전문 어드바이저로서 자격화

사이언스 SQC

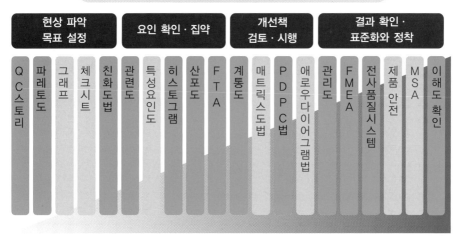

과학적 어프로치
(과학적 SQC)

매니지먼트 SQC
(체계적 · 조직적 추진)

사이언스 SQC

문제 해결의 단계별 전개
(SQC 기술적 방법)

종합 네트워크
(기술의 재산화, 전승발전화)

출처 : 나고야QC연구소 '표준화와 SQC'(' 97.4.~' 99.3. 발표) 요약

SQC 커리큘럼 예

수치 · 언어 데이터의 집약방법과 QC적 문제 해결의 기본을 배운다.
품질관리 기초 교육

현상 파악 목표 설정	요인 확인 · 집약	개선책 검토 · 시행	결과 확인 · 표준화와 정착

QC스토리 / 파레토도 / 그래프 / 체크시트 / 친화도법 / 관련도 / 특성요인도 / 히스토그램 / 산포도 / FTA / 계통도 / 매트릭스법 / PDPC법 / 애로우다이어그램법 / 관리도 / FMEA / 전사품질시스템 / 제품안전 / MSA / 이해도확인

커리큘럼(비즈니스 프로세스 입문의 단계별 전개)

출처 : '東海協豊會 SQC 비즈니스 코스' 자료

요점정리

Q7 : QC의 7가지 도구
N7 : 신QC의 7가지 도구
기초적 SQC : 매트릭스법, 와이블법 등

15 품질은 공정 내에서 완성한다
— 후공정은 고객, 불량품은 보내지 않는다.

불량품과 수정이 발생하면, 검사-수정-검사의 과정이 발생하여 공수가 여분으로 들어가게 된다. 게다가 품질은 양품으로 사용할 수 있도록 수정되었다고 해도 품질 저하는 피할 수 없다.

품질을 공정 내에서 완성한다는 것은, 가공하는 사람과 검사하는 사람이 따로라는 사고방식이 아니라, 자기가 작업하는 범위는 스스로 품질보증을 한다는 것이다. 전담 검사원에 의한 공정 외 검사는 부가가치가 없는 일이다. 공정 외 검사와 수정을 위한 인원이 늘면 늘수록, 공장의 부가가치 비율은 저하되고, 원가는 높아지게 된다.

공정 내 품질보증을 하는 것은 작업자 자신이 가공·조립한 물건의 불량 여부를 검사하여 책임을 지고 후공정에 제품을 인도하는 것으로서, 작업자의 의무인 셈이다. 표준작업의 준수로 전수검사는 가능하지만 비용 상승으로 이어져서는 안 되므로, 한계게이지와 포카요케(Fool Proof)를 궁리함으로써 공수 절감에도 노력할 필요가 있다.

이러한 과정을 거쳐, 검사를 공정 내에 흡수하여 전담 검사원을 두지 않고, 품질을 공정 내에서 완성하는 일이 가능하게 된다. 물론, 작업자 자신이 '후공정은 고객'이라는 생각으로 불량품을 넘기지 않도록 철저한 의식 교육을 하는 것도 중요하다. 직접 작업하는 공정 안에서 낭비를 없애고 공수를 절감해도, 불량품이 후공정으로 넘어가면 이에 따라 검사와 수정의 공수가 증가하게 된다.

품질은 항상 상류에서 관리하는 것이 재발 방지와 높은 효율의 품질 체크로 이어진다. 후공정에서 불량품을 발견한 경우, 그대로 수정해서는 안 된다. 우선 후공정은 전공정으로 신속하게 연락한다. 연락을 받은 전공정은 작업을 멈추고, 바로 원인을 찾아내 대책을 실시한다. 불량품은, 불량품을 발생시킨 부서의 책임하에 그 공정의 담당자가 수정하는 것을 원칙으로 한다.

요점정리
- 검사 강화만으로 품질은 향상되지 않는다.
- 자기 책임으로 공정 내 품질보증
- 부가가치가 없는 전문 검사원의 폐지

타이밍	실시항목	도구
작업 시작 시 	• 설비 · 기계 점검 • 작업조건 확인 • 초물 중점 체크	• 설비 · 체크리스트 • 작업표준 • 포카요케 • 한계게이지 • 한도견본
작업 중 	• 작업포인트 확인 • 표준작업 실행	
작업 종료 시 	• 종물 중점 체크 • 4S 실행	

16 '사실 중시'가 불량 근절의 원칙

— 3현(현장, 현물, 현실)을 중시

이상이나 문제점을 찾고자 할 경우, 사실을 알기 위해서는 현장에서 실제의 불량 현상을 직접 눈으로 확인할 필요가 있다. 현장에 가지 않고 데이터만을 모으는 일은 근본 원인(眞因)을 찾는 데 착오를 일으키는 커다란 원인이 된다.

'현장, 현물, 현실'을 '3현주의'라고 한다. 문제가 발생했을 때는 해결책을 찾아내기 위해서 우선 현장으로 달려 나가 현장을 있는 그대로 관찰하면서 현실을 직시한다. 항상 근본 원인을 추구한다는 사실을 잊지 말고 현실을 냉정하게 분석한다.

주위 상황을 올바로 파악하고 사실을 왜곡시키지 않도록, 진정한 이유는 무엇일까를 생각한다. 또 사실을 파악하기 위해서는 편견을 버리고 객관적인 자세로 사실을 보는 일이 중요하다.

사실을 보고 분석하는 데는, 이상(개선의 대상)에 대해 그 본질을 정량적으로 파악해야 한다. 통상의 업무 개선을 위한 분석이란, 업무의 세분화를 뜻하며, 개선의 대상이 되는 업무를 둘러싼 전체의 상황 분석이 필요하다. 이 분석을 위해서 현장에서 진짜 모습을 정확하게 파악하여 불량이 나오더라도 바로 그 자리에서 찾아낼 수 있다면, 원인도 잡아내기 쉽고 대책도 즉각적으로 세울 수 있다. 이때 '왜'를 5회 반복하는 것(이를 도요타의 '5WHY 기법'이라고 한다-옮긴이)이 근본 원인에 도달하는 데 도움이 된다(18항 참조).

분석 자체는 업무를 개선하는 것이 아니라, 사실이 포함되어 있는 복잡한 정보를 조직적으로 수집하여 조합해 주는 편리한 도구로서 생각한다. 분석이란 문제점을 보다 원활하게 해결해 주는 도구인 셈이다.

사실관계를 명확히 하기 위한 원칙으로 대표적인 것이, ① 무엇을(WHAT), ② 왜(WHY), ③ 누가(WHO), ④ 언제(WHEN), ⑤ 어떻게(HOW), ⑥ 어디서 (WHERE) 했는가 하는 '5W1H'다.

요점 정리
- 현장에 모든 힌트가 있다.
- 5회에 걸친 '왜'로 문제점을 분석한다.
- 5W1H로 사실관계를 명확히 한다.

17 이상(異常)에 의한 관리
― 표준화하여 이상을 발견

　도요타생산방식에서는 철저한 표준화를 시행하여 여기서 벗어난 것을 이상(異常)으로 여기고 중점적으로 관리한다. 표준화란, 작업 면에서 보면, 표준작업을 확실하게 정해두고, 작업자는 이를 준수하는 것이다. 아울러 표준작업에는 3요소가 있는데, '택트타임, 작업순서, 표준재공품(한 라인의 각 설비에 걸려있는 최소한의 가공물의 수를 의미―옮긴이)'이다. 그 외, 재료와 재고 면에서는, 보관장소, 수량을 명시하는 일이며, 생산지시에서는 '간반'을 사용하고, 안전에 대해서는 안전작업기준을 설정하는 일이라고 할 수 있다.

　이와 같이 현장의 모든 면을 정리하고 룰을 정해, 이들로부터 벗어나는 것을 '이상(異常)'으로 간주하여 해결한다. 예를 들면, 라인 작업 가운데 대기가 발생하거나, 뒤에 재고가 쌓이면 바로 이상이다. 이상에 의한 관리에는 '눈으로 보는 관리'가 적용된다. 이를 위해 '안돈'과 '간반'이 사용되고 있다.

　이들 이상의 원인을 찾아가면, 재료·부품의 불량, 설비 문제, 혹은 룰 자체에 무리가 있는 경우가 대부분이다. 라인정지나 불량품으로 이어지는 이상은 누구나 쉽게 알 수 있으나, 비용 상승으로 이어지는 이상은 놓치기 쉽다는 점을 주의해야 한다.

　또한 이들 이상에 의한 관리를 추진함으로써, 담당자의 관리 영역을 넓히면서 관리 능력을 높일 수 있다. 정상적인 경우는 손댈 필요 없이, 이상이 발생하면 시기를 놓치지 말고 중점적으로 적절한 조치를 취함으로써 신속하게 해결하는 것이 기본이다.

　이상을 중점 관리하여 개선 작업으로 연결하는 일이 중요하다. 표준화 → 이상 발견 → 원인 추구 → 개선 → 표준화를 반복한다.

　결국 룰에서 벗어나는 것에 대해 '이상'으로 간주하여 신속히 발견할 수 있는 체제를 만들고, 이 '문제점'에 대해 철저하게 해결책을 검토하여 대책을 실시하는 일이 중요하다.

요점 정리
- 표준작업이 기준
- 중점관리로 표준화와 개선을 반복한다.
- '이상'을 바로 발견할 수 있는 체제

18 5회의 '왜'로 근본 원인 추구–5WHY 기법
— 철저한 원인 추구

공정 분석 등에 5W1H(WHY, WHAT, WHERE, WHEN, WHO, HOW)를 사용하는 경우가 있다. 그 중 WHY(왜)를 몇 번이고 사용하여 문제의 진짜 원인을 추구한다.

문제가 발생한 경우, 단순히 눈앞에 있는 직접적인 원인을 제거하여 현상을 회복시키는 것으로 끝나는 것이 아니라, 문제를 발생시킨 진짜 원인을 찾아내어 제거하지 않으면 완전히 해결했다고 할 수 없다. 하지만 실제 생산라인에서는 정지시간을 짧게 하기 위해서 눈앞의 원인 제거(불량부품의 교환 등)만으로 끝나는 경우가 대부분이다.

도요타에서는 생산라인에서 문제가 발생했을 때에는 작업자 자신이 라인을 정지시킬 수 있다. 이를 통해 문제의 원인이 ① 작업자의 문제인지, ② 생산설비의 문제인지, ③ 재료의 문제인지, ④ 공정 자체의 문제인지 등을 판단할 수 있다. 이때 '왜'를 반복함으로써 진짜 원인을 찾아내고, 문제의 근본적인 해결을 추구한다.

단순히 일차적인 원인 제거에 만족하는 것이 아니라, 이 '왜'를 5회 반복하여 철저하게 '근본 원인(眞因)'을 추구해야만 재발 방지와 더 큰 문제의 발생 방지로 연결할 수 있다.

품질에는 많은 요인이 관계되어 있기 때문에, 특정한 원인으로 문제가 한번 발생하더라도 어떤 의미에서는 어쩔 수 없다고 할 수 있으나, 동일 원인에 의한 재발은 절대 피해야만 한다. 그러기 위해서는 이 수법을 활용하여 근본 원인을 제거하도록 해야 한다.

이는 현장 사람들에 의해 이루어지는 개선활동과 깊은 관계를 갖고 실시해 나간다. 진짜 원인을 추구하지 않는 한, 진정한 의미에서 '재발방지책'을 수립했다고 할 수 없다. 따라서 이를 해결하기 위해서는 자신의 발로 현장에 가서 눈으로 확인할 필요가 있다.

요점정리
- 직접적인 원인보다 '근본 원인'을 제거한다.
- 목표는 동일 원인에 의한 재발 방지다.
- 문제를 응급조치만으로 끝내지 않는다.

기계가 갑자기 정지했을 때의 근본 원인 추구

* 5WHY 사례

횟수	왜	원인	단기적 해결
1	왜 정지했을까?	모터 과부하로 퓨즈가 끊어졌다.	퓨즈 교환
2	왜 과부하가 걸렸을까?	윤활유가 부족했다.	펌프 용량의 증대
3	왜 윤활유가 부족했을까?	펌프가 윤활유를 충분히 빨아올리지 못했다.	펌프 교환
4	왜 펌핑이 충분하지 못했을까?	펌프의 축이 이상 마모로 인해 흔들리고 있다.	펌프 교환
5	왜 축이 이상 마모되었을까?	윤활유에 절삭칩이 들어 있다.	윤활유 흡입구에 스트레이너 설치

불량을 만들지 않는 검사
— 불량품을 만드는 낭비를 철저히 제거

'후공정은 고객'이라는 생각은, 공정 내에서 품질을 완성한다는 뜻으로, 불량품은 후공정으로 보내지 않고 공정 내에서 확실하게 검사하는 방식이다.

'불량을 찾아내는 검사'에서 한걸음 더 나아가 '불량을 만들지 않는 검사'를 목표로 한다. 이 수단으로서는 다음과 같은 것들이 있다.

원류관리(源流管理)

제품의 규격 단계와 개발 단계에서 제품의 품질에 관련된 문제를 해결해가는 방법이다. 나아가 제품 품질을 좌우하는 가공 조건 그 자체를 관리하여, 그 이상을 찾아내 제품 불량이 발생하기 전에 조치한다.

자주검사(自主檢査)

가공 공정과 조립 공정 안에 작업자 자신이 검사 기능을 가지도록 하고, 불량이 발생하면 알람을 울려 후공정으로 보내지 않도록 미연에 방지한다. 그렇게 하면 불량이 나온다 하더라도 확실하게 발견할 수 있다.

순차점검

가공 공정에서 각각 바로 뒤의 공정이 전공정에서 받은 제품을 검사하여 주의를 환기시킴으로써, 연속적으로 불량이 발생하는 것을 방지하는 수단이다. 이것은 원류관리나 자주검사에 비해 소극적인 대책인 것처럼 보이나, 제3자에 의한 검사로 불량을 발견하기 쉬우며, 이후의 불량을 방지함으로써 크게 불량을 감소할 수 있으므로 충분한 효과가 있다.

전수검사

샘플링 검사는, 예를 들어 '통계학적 뒷받침'이 있다고 해도, 결국 '검사수단의 합리화'에 지나지 않으며, 결코 '품질보증의 합리화'는 아니다. 원래 '전수검사'여야 하지만 그래도 실수가 발생한다. 진정한 품질보증을 위해서는 작업자의 의식개혁과 함께 검사가 아닌 불량을 만들지 않는 체제를 확립할 필요가 있다.

요점정리
- 자주검사로 후공정으로 불량을 보내지 않는다.
- 전수검사에서 불량을 만들지 않는 체제로

불량을 만들지 않는 검사

원류관리　개발설계 단계에서의 관리　　　생산기술 단계에서의 관리

자주검사　가공과 검사를 동시에 할 수 있는 연구
공정 안에 물리적 검지수단의 내장

순차점검

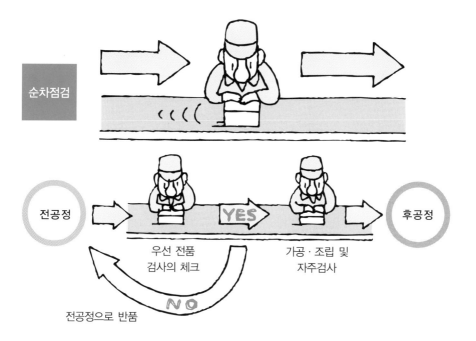

전공정　우선 전품
검사의 체크

YES

후공정　가공·조립 및
자주검사

전공정으로 반품　NO

20 IT시대의 TQM
— 기술, 제조, 판매의 삼위일체

도요타의 전사적 TQM(Total Quality Management)은, 제조 수준에서의 TPS를 중심으로, 제품개발·설계단계의 TDS(TOYOTA Development System)와 판매·서비스 수준의 TMS(TOYOTA Marketing System)로 성립된다. TQM의 원점은 현장의 QC활동에서 출발한다. 이는 조직의 활성화와 멤버의 의욕을 높이는 직장 형성에 도움이 되고 있다.

즉, 과거의 TPS활동이 생산 분야에 제한된 실천철학이었던 점에 비해, 생산준비 → 신차 개발과 물류 → 판매 수준의 양쪽으로 전개된, 말하자면 기술/생산/판매의 세 부문이 일체가 된 활동이다. 이 활동은, IT의 활용으로 단순한 물건 만들기에서 사람과 컴퓨터에 의한 정보·지식가공업으로 바뀌어 가고 있다고 할 수 있다.

이것은 ① 고객 중시, ② 끊임없는 개선, ③ 전원 참가의 세 항목이 기본 정신으로 되어 있고, 이 활동에 따라 조화로운 성장을 지향하고 있다.

도요타는 IT와 TQM의 관계에서, ① 고객만족에 초점을 맞춘 IT화, ② 사람이 개선 가능한 IT화, ③ 실적, 평가, 프로세스가 보이는 IT화를 내걸고 있다.

①의 고객만족의 초점에서는, CS에서 CD(Customer Delight : 만족을 넘는 감동)로, 나아가 자동차라는 하드웨어의 제공에서 자동차회사의 생애가치(Life Time Value)가 있는 소프트 서비스의 제공으로 바꾸고 있다.

②의 개선에서는, 일상 활동 가운데에서 개선과 이노베이션(혁신)을 반복하며 계속적인 개선을 한다.

③의 보이는 IT화에서는, 비즈니스 프로세스의 가시화 및 정보공유 환경에 의한 공동제작 등이 있다.

요점정리
- TQM은 사람과 조직의 활력을 높이는 활동
- TPS가 기본
- TDS와 TMS로 조화로운 성장

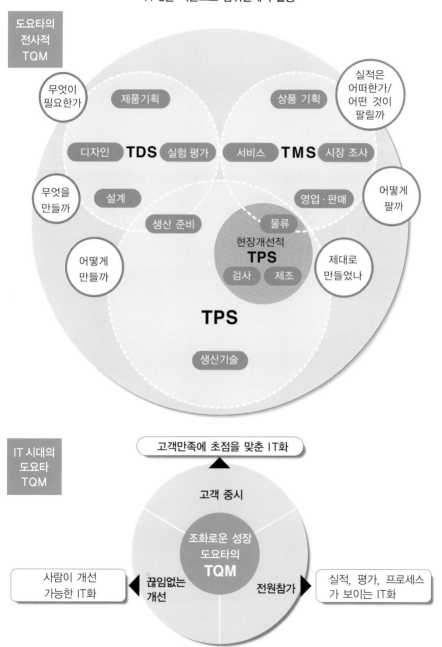

출처 : 구로이와 메구미(黒岩惠) '물건 만들기 도요타의 IT혁신'(홈페이지)

'품질 3대 악(惡)'의 추방

품질보증은 고객주의의 출현을 의미한다. 이는 정확하게 이상을 발견하고, 불량품을 후공정으로 절대 보내지 않는 시스템인 '인변의 자동화'로 구현되고 있다.

이 인변의 자동화에 따라

- 납입된 재료와 부품
- 전공정에서 받은 물건
- 자기 공정에서 만든 물건
- 최종 검사제품

등에 불량품이 발견되면 바로 작업을 중지하고 적절한 조치를 취한다. 이를 위해서는 다음의 세 가지가 필요하다.

① 작업자가 이상을 발견하고, 라인을 멈춘다.

② 작업자의 휴먼에러를 방지하는 대책-원류 관리, 순차 점검, 포카요케

③ 자동기계 전체가 이상을 검출하고, 자동적으로 작동을 멈춘다.

한편, 품질보증은 각 라인의 최종 검사 공정에 의한 전문적 검사에 따르는 것이 일반적이다. 또한 품질기준은 시장의 니즈, 시장에서의 경쟁 상태 등을 기본으로 상품 기획·설계에서 결정한다.

고객의
불만 제로

품질 3대 악(惡)

품질 클레임
이품(異品)·결품
미납·지연

작업자의 마음가짐

(전공정에서) 불량은 받지 않는다.
(자기 공정에서) 불량은 만들지 않는다.
(후공정으로) 불량은 보내지 않는다.

제 **3** 장

표준화

21 평준화하여 만든다

— 저스트 인 타임 생산 최대의 전제조건

생산량을 평균화하고, 생산방법(생산순서와 흘리는 방법)을 한결같이 유지하는 것을 '평준화'라고 한다. 매일의 생산품목과 생산량을 가능한 한 균일하게 하고, 생산에 필요한 인원과 설비를 안정화시키는 것을 목적으로 한다.

제품의 생산은 한 공정에서 완결되지 않고 많은 공정이 연결되어 있다. 어느 공정에서 정상으로(택트타임대로) 생산하지 않으면, 전공정에서 받아오는 물건의 움직임이 불안정하게 되고, 결품(공정에 가공품이나 처리품이 없는 상태)이나 공정 간 재고가 발생한다. 예를 들면 결품 상태를 없애기 위해서는 실제로는 필요치 않은 인원과 설비를 전공정에서 보유하게 되어 손실을 초래한다.

도요타생산방식에서는 각 공정의 택트타임으로 생산 능력의 균형을 잡을 수 있고, 간반으로 생산량이 정확하게 조정된다. 하지만 택트타임대로 생산되지 않으면 공정 균형이 깨지고 생산에 지장을 초래하므로, 택트타임대로 만드는 일이 가장 중요한 전제조건이 되고 있다.

평준화를 전제로 한 저스트 인 타임생산의 기본 원칙을 나타낸다.

① 라인 택트의 결정 : 구체적인 필요 수의 파악(무엇을, 얼마나, 어떤 속도로 만들면 좋을까)

② 후공정 인수 : 생산 지시 정보의 일원화(간반)

③ 흐름 생산 : 공정의 흐름화(원칙 : 한 개 흘리기 생산)

아울러 평준화를 위해 개선해야 할 사항은 다음과 같다.

① 작업자에 대한 복수 작업의 훈련과 습득

② 소로트화, 준비교체 시간 단축

③ 작업오류와 결품방지책 궁리(포카요케, 인변의 자동화)

생산의 본질은 확정 수주에 충실히 따르는 것으로서, 리드타임을 단축하여 소로트생산을 하고, 재고를 인정하지 않으며, 혼류생산으로 여력을 조정하여 상류 공정에 평균화된 부하를 부여하는 방식이 올바른 '평준화'라고 할 수 있다.

요점정리
- 전체 공정은 택트타임으로 생산한다.
- 만드는 물건의 종류와 수량을 평균화하여 만든다.

혼류생산(사고방식의 한 예)

같은 공정에서 a, b, c의 제품을 생산하는 경우, 평균 택트타임으로 생산한다.

• 택트타임을 a : 30초, b : 45초 c : 60초로 하면
  a+b+c=135초 → 평균 택트타임은 135초÷3=45초
  세 종류를 세트로 하여 택트타임을 45초로 한 '동기화' 작업이 가능

• 세 종류를 세트로 한 경우
  a제품의 경우는 정지작업을 포함한다.
  b제품의 경우는 보통의 작업을 한다.
  c제품의 경우는 보행작업을 한다.

평준화(사고방식의 한 예)

'산포'를 통상작업에서 흡수 가능한 범위로 적게 한다.

• 양과 시간의 평준화

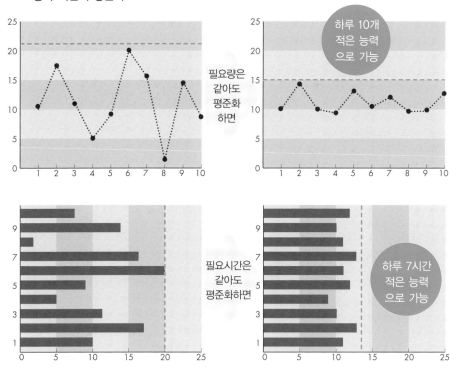

필요량은
같아도
평준화
하면

하루 10개
적은 능력
으로 가능

필요시간은
같아도
평준화하면

하루 7시간
적은 능력
으로 가능

시작(試作)~양산의 기간이 길고 생산량도 많으며 제품수명도 길었던 시대는, 초기관리(신제품 완성관리)에 문제가 나오더라도 개선시간은 충분했으며, 손실비용의 회수와 기업의 신뢰회복 기회도 많았다고 할 수 있다.

최근에는 완성 준비기간이 짧고(시작 생략 지향), 최대생산량으로 착수하는 반면 제품수명이 짧으므로 착수에 실패하면 회복비용 회수와 기업의 신뢰 회복이 어렵다. 이 때문에 제조업에서는 초기관리가 가장 중요한 관리사항이 되고 있다.

당초의 초기관리는 양산품질의 문제발생 방지가 주목적으로, 비용과 시간이 걸리더라도 품질 확보가 우선되었지만, 최근에는 'QCD의 최적화'로 양산 개시의 문제를 제로로 하는 것이 목적이 되고 있다. 이를 위해,

① 최적 품질 특성의 조기 확보

② 적절하고 저렴한 생산 준비의 실천

③ 유지관리체제(시스템)의 정비와 유지

의 사전 검토(프론트 로딩)를 중시하고 있으며, 제품설계의 표준화와 IT화(CAD, CAM), 조합검토와 평가의 IT화(버추얼 시뮬레이션 등)가 강화되고 있다.

특히 DR(Design Review, 설계심사)은, 제품설계 단계뿐만 아니라 기획에서 양산 개시, 나아가 시장의 클레임 대응까지 생산 각 단계의 관문으로서 실시되도록 되었다.

종래의 DR은 주로 제품설계 부문 내에서 실시되고 그것도 상사가 검토하는 수준이었다. 최근에는 각 부문이 각각 사전 검토한 결과를 근거로, 문제의 유무, 과거 문제 대책의 확인, 제작 편이성과 조립성, 준비비용의 과다 여부, 평가방법과 측정의 적절성, 관리의 용이성 등에 대해 생산의 각 단계별로 검토하고 다음 단계로 문제를 넘기지 않도록 노력하고 있다.

요점정리
- 초기관리의 성패에 따라 기업의 생사가 엇갈린다.
- 'QCD의 최적화'로 양산 개시 문제의 제로를 꾀한다.

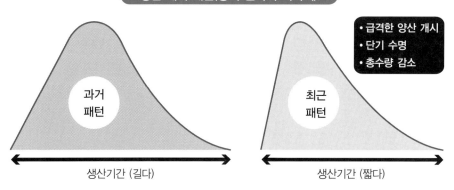

양산 개시 패턴(양적 변화의 이미지)

과거
패턴

최근
패턴

• 급격한 양산 개시
• 단기 수명
• 총수량 감소

생산기간 (길다)

생산기간 (짧다)

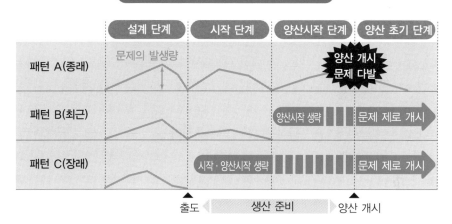

문제 발생 패턴(이미지)

	설계 단계	시작 단계	양산시작 단계	양산 초기 단계
패턴 A(종래)	문제의 발생량			양산 개시 문제 다발
패턴 B(최근)			양산시작 생략	문제 제로 개시
패턴 C(장래)		시작·양산시작 생략		문제 제로 개시

출도 ◄ 생산 준비 ► 양산 개시

옛날에는
차 한 대도 소중히
오래도록 탔었지

양산 초기의 품질 확보를 목적으로 한 조직적인 활동을 특히 '초품 관리' 또는 '초기유동품 관리'라 하고, 또 다음에 해당하는 초기유동품을 '초품(初品)'이라고 한다.

① 신제품을 생산하는 경우

② 설계 변경을 하는 경우

③ 공정 변경을 하는 경우

  ⓐ 재료, 부품 등의 업체 및 상표를 변경할 경우

  ⓑ 가공 및 처리부서나 업체를 변경하는 경우

  ⓒ 작업, 가공, 처리 등의 조건이나 기준을 변경하는 경우

  ⓓ 기계, 설비나 금형, 치공구의 갱신 또는 수리의 경우

  ⓔ 잠정 공정에서 생산을 개시하고, 본 공정으로 변경하는 경우

특히 대상 부품을 명확하게 할 필요가 있는 경우, '초기관리지정품'으로 하고 초기관리 지정시점으로부터 초기관리 해제까지 '초기관리기간'을 정한다.

초품관리에서는 통상의 공정품질 확인과 검사에서 생략되는 품질 특성이나 공정 능력(Cp, Cpk 및 Cpm 등)을 초기관리 기간을 통해 확인한다. 통상 초기관리 기간은 1~3개월간으로 여러 로트, 수차례의 생산교체를 포함할 필요가 있다.

특히 공정 변경은 품질보다 비용과 생산관리 면에서 일상적으로 발생할 가능성이 높고, 제조 측의 판단으로 실시하기 쉽다. 게다가 그 변경이 품질에 미치는 영향이 과소평가되는 일이 많고, 관리 부문과 발주자 측에서는 모르는 경우가 있어, 그 결과 품질 문제가 발생하는 가장 큰 원인이 되고 있다.

이 때문에 제조 측에서 공정 변경이 계획된 시점에서 '공정변경계획서' 또는 '공정변경제출서'에 의해 품질관리 부문으로 연락하고, 초품에서 하는 품질확인사항을 고객과 상담하여 정하는 일이 중요하다.

요점정리
- 관리도 시작이 중요 : 시작이 좋으면 모두 좋다!
- 양산 초기의 품질 확보를 목표로 하는 조직적 활동
- 공정 변경을 소홀히 해서는 안 된다.

(양식-1)

(주)

본 연락서 제출후 교체예정일이 1개월 이상 지연되는 경우는 다시 제출한다. 공정변경 연락은 교체예정일 40일 전 제출을 원칙으로 한다.

장표No.

_____ 귀하

공정변경계획연락서(A)

관리No.

년 월 일

회사명 _____
부서명 _____

부차장	과장	대리

하기의 공정 변경을 계획했습니다.
하기 내용으로 실시하고자 하오니 검토하신
후 회신바랍니다.

(1) 대상제품·부품·변경내용

품번		도면No	품질구분	( )S ( )E ( )일반
품명		관리No	정기 데이터 제출	( )유 ( )무
월간 유동수	개	재고수(예정수)	개	개

변경내용
구분	1. 가공처 변경 2. 형·치공구 변경 3. 공정순서 변경 4. 가공방법·조건 변경 5. 설계 변경 6. 재료업체 변경 7. 기타( )
이유	
공정	1. 성형 2. 열처리 3. 표면처리 4. 용접 5. 조립 6. 기타( )

구 공정	신 공정	영향을 받는 특성치, 기타

(2) 변경실시계획

일정 항목		월	월	월	월	월	월	월	월	완료 월일
① 표준서류제정	ⓐ 기술표준 ⓑ 생산표준 ⓒ 검사규격 ⓓ 작업표준									
② 공정설비	ⓐ 개별공정정비(단일) ⓑ 종합공정정비(라인)									
③ 공정능력검사	ⓐ 기계별 ⓑ 치공구별 ⓒ 금형별 ⓓ 작업자별									
④ 초품검사	ⓐ 치수 ⓑ 강도·경도 ⓒ 성능·기능									
⑤ 신뢰성시험	ⓐ 벤치테스트 ⓑ 실차테스트									
⑥초품납입	□잠정공정품 □본공정품	납입가능일 월 일			본공정교체가능일 월 일					
연락사항						회답희망일 년 월 일				

생산기술부 의견		기술부 의견(필요시)		구매부 의견(업체부품의 경우)	
년 월 일	승인	년 월 일	승인	년 월 일	승인
	작성		작성		작성

(경로)

□ 내부   □ 외부

↓

신청부서
(원지)

↓

(기술부) 생산기술부 → 조달부 → 품질관리부 → 신청부서(원지)

↓

관계부서(복사)

배포선	수
신청부서 (원지)	1
생산관리부	
생산기술부	
검사과	
기술부	
영업과	
품·관 복사파일	1

_____ 귀하   **회답서**

년 월 일
품질보증부 품질관리과

부차장	과장	대리	담당

<지시내용>
□ 초품검사합격(초품측정 결과보고서 수령) 후 교체 가능
□ 고객 승인(고객회답서 수령) 후 교체 가능
□ 기타(하기 지시사항에 따른다)
□ 하기 이유에 따라 변경 불가

공정 변경 랭크□A(고객신청일: 년 월 일) □B □C

공정 조사	1.실시(년 월 일) 2.미실시		사전협의 년 월 일 시 장소	
초품 검사	제품·부품	1.요(제출수량: 개 제출기일: 년 월 일까지) 2.불요		
	초품관정결과보고서	1.요(제출기일: 년 월 일까지) 2. 불요		
품질기록의 수정	QC공정표	1.요 2.불요	검사규격	1.요 2.불요

지시사항(측정항목, 규격, 시료수, 방법 등)
_____
_____
_____

주식회사 □□□□□□(현재)

초기관리(3) [초물관리]
— 협의의 초기관리

일상적인 품질관리에서 이상이나 품질문제가 가장 발생하기 쉬운 것은 공정 요인을 바꾸는 경우다. 이 때문에 일상관리에서 가장 중요한 것은 공정 요인의 '변경점과 변화점'(이하 변화점)의 관리다.

그런데 변화점은 모든 직장의 다양한 업무와 작업에 존재하고 있다. 특히 제조현장의 주요 변화점으로서 다음과 같은 점을 들 수 있다.

① 품종을 교체할 때

② 재료 · 부품로트를 교체할 때

③ 작업 개시 시와 작업자 교체 시(및 중단작업의 재개 시)

④ 절삭공구 · 치공구의 교환 · 수리 시

⑤ 돌발적인 작업을 할 때

⑥ 설비 보전이 나쁠 때(마모와 열화, 윤활유 중단 등)

이 외에도 품질 변동에 영향을 미치는 변화는 수없이 많이 존재할 것으로 생각되므로, 변화에서 발생하는 이상을 바로 발견하여 대책을 세우는 '변화점 관리'가 중요하게 된다.

대부분의 변화점은 생산관리상에서도 명확하게 할 수 있으므로, 일상관리의 중점관리사항으로 고려할 수 있다.

변화의 영향이 나타날 것으로 생각되는 최초의 제품을 '초물(初物)'이라고 한다. 이 초물의 품질 확인을 확실하게 하여 변화의 유무를 찾아내고 작업의 지속 여부를 판단한다.

당연한 일이지만, 초물 확인에서 이상과 문제가 발견되거나 공정의 이상이 발견된 경우는 바로 작업을 중단하고 적절한 조치를 취해야 한다.

초물 확인에서는 초물을 측정하여 판단 기준에 따라 판단하고, 이어서 관계되는 공정 조건의 적정 여부를 재확인한다. QCD의 유지 관리가 기대되는 현장에서는 초물 관리가 중요한 위치를 차지한다.

요점 정리
- 변화점 관리는 일상 관리의 가장 중요한 사항
- QCD의 유지 관리에 중요한 역할

- 유지 관리에는, 공정 조건을 유지하기 위해 필요한 작은 개선들이 포함되어 있다.

품질체크요령서

- 일반적으로 생산의 초물과 마찬가지로 생산의 '종물(終物)' 관리가 이루어진다. 초물이 문제없고, 종물이 적합하면 모두 적합하다고 생각할 수 있기 때문이다. 혹시 생산 도중, 제품의 변화가 우려되는 경우에는 생산 도중에 '정기 체크'를 정기적으로 한다.
- 이 확인은 제품 품질이 주목적이지만, 공정 조건을 확인하는 경우도 있다.

품질체크기준서

구분	관리번호		품번	
			정리No.	

【품질기준】

No.	항목	기준	초물 · 종물	정기	측정구
1					
2					
3					
8					

【최종검사규격】

부호	년월일	개정내용	담당	승인	품보	품보 확인	작성일		
1							승인	점검	작성
2									
3									

진도관리는, 계획과 예정에 대한 현상의 실적, 즉 진척도를 구체적으로 파악하여 필요하면 적절한 조치를 취하는 일이다. 진도관리 대상에는, 품질·생산·원가·안전 등의 일상관리항목(지표) 외에 방침(중장기 계획, 연도계획), 각종 개선계획, 변경·교체계획, 교육계획 등이 있다.

진도가 구체적으로 보이지 않으면 문제 유무와 시정 조치의 여부를 판단할 수 없으므로, 진도와 목표달성률 등의 '가시화(可視化)'가 필요하다.

진도관리에서 가장 일반적인 시간 단위는 연, 월, 일, 시 등으로, 일반적으로는 간트차트(일정계획표)를 이용한 가시화가 이루어지고 있다.

계획(예정일정)에 대해 실행 개시가 몇 시고, 현재 어느 정도 진행되고 있는가를 볼 수 있도록 한 것으로, 진척도를 한눈에 보고 알 수 있도록 하는 것이 바람직하다.

완성도·시스템과 체제정비·만족도 등과 같이 이미지로밖에 표시하기 어려운 상황을 보기 쉽게 하기 위해서 그래프 등도 이용되고 있다.

개인별 교육계획과 같은 경우는, 미리 습득하고 싶은 항목을 기입한 매트릭스표를 작성하고, 채워가는 방법도 있다.

제조 공정의 진도관리에는 공정관리판이 사용되는 일도 있으나, 안돈 표시, 간반의 움직임, 재공품 적치장소의 정체 등 현장을 보고 진척 현황을 알 수 있도록 하는 연구가 실시되고 있다.

진도를 관리한다는 것은, 계획대로 진행되는 경우는 그대로 두면 되지만, 늦어지면 즉각적으로 그 원인을 조사하여 적절한 조치를 취하고 재발을 방지해야 하는 것을 의미한다. 또한 앞서가고 있는 경우도 그냥 두어서는 안 되며, 이상(공정 생략)은 없는지 앞서가는 원인을 조사하여 이상이 있다면 시정조치를 취하고 개선으로 연결하는 일이 바람직하다.

요점정리
- 진도관리는 모든 관리의 첫걸음
- 늦거나 빨라도 모두 시정조치의 대상

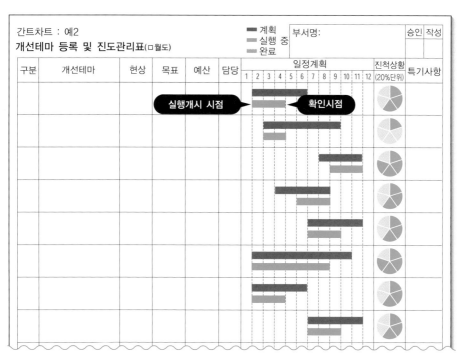

26 준비교체시간 단축으로 평준화 생산 가능
— 늘어나는 준비교체를 신속하게 실시한다

생산의 평준화와 준비교체 개선의 필요성

생산의 평준화란, 다양해지는 시장의 니즈에 맞춰 매일 팔린 물건을 팔린 양만큼 생산하는, 즉 판매에 맞춰 생산하고자 하는 방식이다. 수요에 대응하여 팔리는 물건을 만들려면, 설비와 생산라인의 교체 횟수가 증가한다. 또한 교체할 동안 생산라인은 멈추게 되고, 생산 실적은 오르지 않는다. 따라서, 생산의 평준화를 달성하는 데는, 준비교체를 신속하게 하는 것이 전제가 된다. 준비교체 횟수를 줄일 수는 없지만 그 각각의 교체시간을 단축하고, 교체시간을 제로에 가깝게 하는 일은 가능하다.

싱글 준비교체에서 원터치 준비교체로

싱글 준비교체란, 교체를 위해 설비가 멈추는 시간을 10분 미만(분 단위로 한 자리)으로 하는 것을 말한다. 싱글에서 1분 이하로 단축하고 나아가 원터치로 순간적으로 준비교체를 완료하는 '원터치 준비교체'로 발전되고 있다.

원터치 준비교체로 하기 위해서는, 체결볼트를 없애고 조정 작업 등을 생략하는 준비작업의 개혁이 필요하다. 또한 NC공작기계와 로봇은 프로그램의 변경으로 생산 내용과 대수를 변경할 수 있어, 준비교체 시간 단축에 유용한 수단이다.

준비교체작업의 개선

준비교체는 설비를 멈추어야만 하는 작업(내준비)과, 설비가 가동 중에도 할 수 있는 작업(외준비)으로 나뉜다. 외준비(外準備)에는 다음에 사용할 금형·재료의 준비, 사용이 끝난 금형의 반송 등이 있다. 내준비(內準備)에는 금형의 교체와 재료의 교체가 있다.

외준비를 설비 가동 중에 해두면, 준비교체를 위한 설비정지시간은 대폭 줄일 수 있다. 이어서 체결볼트의 제로화와 조정작업의 제로화를 추진함과 동시에 작업순서를 표준화하고, 그 순서를 반복 훈련함으로써 준비교체시간은 대폭 단축되며, 준비교체시간의 싱글화, 나아가 원터치화를 실현할 수 있다.

요점 정리
- 싱글 준비교체에서 원터치 준비교체로
- 포인트는 내준비의 개선과 외준비화, 외준비의 개선, 조정작업의 개선

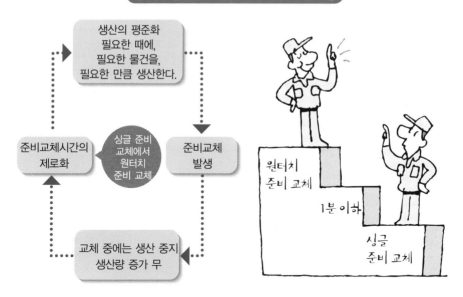

• 준비교체시간의 개선단계

1 내준비를 외준비로 변경

2 내준비 작업의 개선

3 조정 작업의 개선

4 외준비 작업의 개선

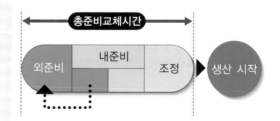

• 준비교체 개선의 포인트

표준화의 추진 : 설비·금형·치공구와 작업순서의 표준화

매뉴얼화와 훈련 : 작업순서를 매뉴얼화하고, 그 순서를 반복 훈련

동시병행 작업화 : 2인 작업자에 의한 병행 작업의 실시

금형·치공구의 개조 : 체결공구의 원터치화, 조정작업 단축을 위한 개조

생산의 평준화

　최종 공정의 생산에 변동이 생기면 전공정에도 변동이 생기게 되므로, 전공정에서는 최다 변동량에 맞춰 설비와 인원을 준비하거나, 재고를 여분으로 가지고 대응하려고 한다.

　이러한 사태를 피하기 위해, 최종 공정은 가급적 생산의 변동을 없앤 생산의 평준화를 준수할 필요가 있다. 월 4,000개의 제품을 만드는 경우, 20일 가동이라면, 1일 200개씩 8시간에 일정하게 만들면 된다. 한편 다품종 소량생산의 경우, 혼류라인에서 종류와 양을 평균화하여 흘린다.

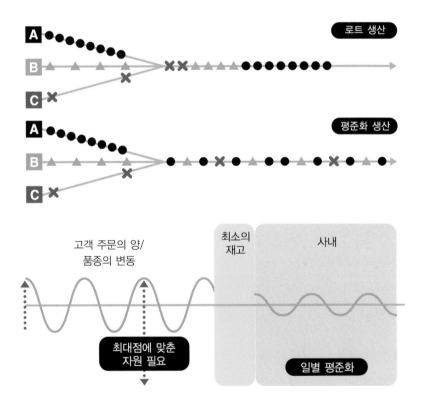

제 4 장

표준작업

27 생산 방법에 따라 QCD는 바뀐다
— 철저한 개선에 의한 QCD의 경쟁력 강화

    같은 제품을 여러 회사에서 만들어 시장에서 경쟁하고 있는데, 회사에 따라 제품을 만드는 방법이 달라, 완성된 제품은 품질(Q), 코스트(C), 납기(D) 면에서 각 회사별로 장단점이 있다.

    QCD는 고객의 요구 측면이나 자사의 개선과제로서도 모든 회사에게 가장 중요한 과제가 되고 있으며, 전반적인 개선과제(PQCDSM)를 나타내면 다음과 같다.

P(Productivity)	생산성	D(Delivery)	납기
Q(Quality)	품질	S(Safety)	안전
C(Cost)	코스트	M(Morale)	의욕

    아무리 품질이 좋아도 너무 비싸거나 납기관리가 나쁘면 고객은 줄어들고, 또한 가격이 싸도 품질이 나쁘고 납기를 맞추지 못하면 고객은 평가하지 않는다. QCD의 종합력을 고객이 각각 평가하고 경쟁력이 떨어지는 회사는 자연히 도태하게 된다.

    여기서 좋은 제품(Q)을, 필요한 양만큼, 필요한 때에(D), 적절한 가격(C)에 제공할 수 있도록 끊임없는 개선을 추진할 필요가 있다.

    경쟁은 나날이 심화되고, 글로벌 시대의 고객 요구는 점점 더 엄격해지고 있다. 코스트 면에서 매년 10% 정도의 삭감 요구는 당연한 일이고, 품질 요구 수준도 높아지고 있다. 또한 발주에서 납입까지 리드타임은 짧아지고, 게다가 납입 로트의 소로트화와 시간의 지정 등 매년 조건은 까다로워지고 있다. 따라서 향후 고객의 요구를 앞서서 파악하고, 한층 더 QCD의 개선을 위해 1년 뒤, 2년 뒤의 과제와 목표를 명확하게 하여, 직장별 목표관리를 철저히 해 갈 필요가 있다.

    그러기 위해서는 개선을 위한 체제 조성과, 개선을 이끌어갈 인재 육성이 최대 중요 과제가 되고 있다.

요점정리
- 고객의 QCD에 대한 요구는 매년 엄격해지고 있다.
- 개선을 이끌어갈 인재 육성이 최대 중요 과제다.

28 작업표준과 표준작업은 다르다
— 표준작업은 반복작업으로 사람의 작업이 대상

작업표준과 표준작업은 전혀 별개의 것으로서 그 주요 차이점은 다음과 같다.

작업표준

표준작업을 하는 모든 표준을 말하며, 고객이 요구하는 품질을 만들어내기 위해 필요한 작업상의 경제적인 조건을 표준으로 정한 것이다. 예를 들면, 절삭 가공 시의 절삭 조건과, 바이트의 종류, 열처리 가공 시의 열처리 온도와 처리 시간, 또한 냉각 조건과 냉각액 등과 같은 것이다.

작업표준의 작성에는 여러 가지 방법이 있으나, 주요 내용은 간단한 방법으로 표와 같은 작업표준의 예가 있다. 주요 내용은 〈약도〉 부분의 개략적인 그림이나 사진 등에 설명이 필요한 번호를 표시한다. 이어서 〈작업 순서〉에는 초보자라도 알 수 있도록 작업 순서의 포인트를 알기 쉽게 기술한다. 또한 〈주의사항〉에는 작업 안전상 중요한 사항을 3~6 항목 정도 기술한다.

표준작업

표준작업은 싸고 좋은 제품을 안전하게 만들기 위해 세 가지 요소(택트타임, 작업순서, 표준재공품)를 기본으로 하고 있다.

표준작업은 생산 필요 수를 평준화하여 생산하는 것을 주요소로 하고 있으며, 결과적으로 과잉생산을 억제하고, 낭비동작을 없애도록 되어 있다.

표준작업은 현장의 감독자가 중심이 되어 작성하며, 이에 대한 개선과 개정도 감독자의 주요한 업무다.

표준작업의 조건은 두 가지로서, 첫 번째는 사람의 동작을 중심으로 생각하는 것이며, 두 번째는 반복작업이다. 표준작업을 설정할 경우, 사람의 동작을 기계에 부수적인 것으로 고려하는 것이 아니라 사람의 동작을 중심으로 해야 한다. 또한 작성된 표준작업은 철저하게 지키도록 해야 하며, 이를 작업자에게 이해시켜 실행하도록 하는 것이 감독자의 일이다.

요점정리
- 작업표준이란 작업자가 지켜야 할 작업 조건, 순서를 각 공정(기계)별로 명시한 것
- 표준작업은 사람을 중심으로 한 작업의 개선 수단

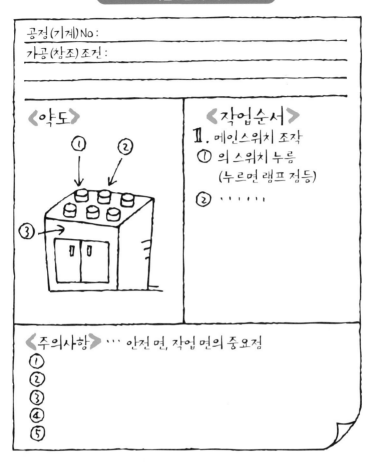

공정(기계)No :

가공(참조)조건 :

《약도》

① ②

③

《작업순서》

II. 메인스위치 조작

① 의 스위치 누름

   (누르면 램프 점등)

② ······

《주의사항》 ··· 안전 면, 작업 면의 중요점

① ② ③ ④ ⑤

표준작업

3요소(3점 세트)

택트타임

작업순서

표준재공품

표준작업은
살아 움직인다

항상 개선 · 개정(현장의 감독자가 주로 개선)

29 표준작업의 3요소
— 표준작업이 없으면 개선은 추진하지 못한다

표준작업에는 택트타임, 작업순서, 표준재공품의 3요소가 있다.

택트타임

작업자가 담당하는 제품 한 개분의 작업을 몇 분 몇 초에 할 것인가 하는 것으로, [택트타임＝가동시간 ÷ 일별 필요 수]로 표시한다. 택트타임이 결정되면 인원과 작업량을 정하고, 다음 순서로 개선을 진행한다.

① 일의 속도나 숙련도는 관리 · 감독자가 정한다.

② 여유는 고려하지 않기 때문에 개인차가 나타난다.

③ 각 작업의 낭비가 보인다. → 개선(택트타임 내에서)

작업순서

제품이 흘러가는 순서를 의미하는 것이 아니라, 소재에서 제품으로 가공 변화하는 과정에서, 가공품의 운반 또는 기계에 세팅 · 분리하는 것과 같은 세부적인 작업의 순서를 말한다. 작업자가 바뀌어도 같은 순서로 작업할 수 있도록 정하고 교육할 필요가 있다.

표준재공품

표준재공품이란, 각 기계별 작업에서 공정 내 최저수의 재공품을 말하며, 기계에 취부되어 있는 것도 포함한다. 한 개 흘리기를 예로 들면, 일반적으로 기계에 취부되어 있는 가공 중인 가공물만 있으면 되고, 공정 간에는 재공품을 가지지 않는다.

이상의 3요소를 활용하여 정착시키기 위해 중요한 것은 다음과 같다.

① 관리 · 감독자가 충분히 해낼 수 있고, 작업자가 납득하도록 가르친다.

② 작업자가 표준작업을 철저하게 지키도록 한다.

③ 사실과 데이터에 기초하여 생각하는 태도를 중시한다.

④ 표준작업 실시상의 문제점은 신속하게 개선하고, 표준작업표를 개정한다.

요점정리
- 하루 필요량과 가동시간으로 작업속도(택트타임)를 정한다.
- 작업순서는 누가 하더라도 동일해야 한다.

택트타임

$$\frac{1일\ 가동시간}{1일\ 필요생산량} = \frac{8H \times 60분}{400개} = 1.2분(72초)$$

작업순서

① 소재 세팅

③ 모따기

② 상면 황삭

④ 구멍 뚫기

표준재공품

각 기계에 한 개의 재공품

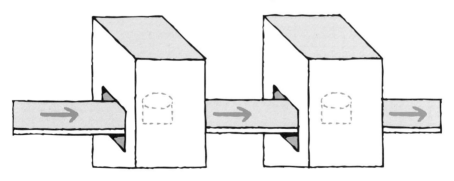

원칙적으로 공정 간 재공품은 갖지 않는다.

(공정의 진행 방향과 역순서로 작업을 할 경우는 각 공정에 한 개씩 재공품이 필요하다.)

관련양식의 작성
— 세 가지 양식작성은 개선·지도의 기본

표준작업에 사용되는 양식에는 '공정별능력표' '표준작업조합표' '작업요령서' '작업지도서' '표준작업표'가 있다. 여기서는 대표적인 다음의 세 가지 양식에 대해 설명한다.

공정별(또는 부품별)능력표

공정(부품)별로 그 공정(기계가공, 수작업, 검사 등)의 가공 능력을 나타낸 것이다. 이것은 작업의 조합을 정할 때, 또는 표준작업을 만들 때의 기본이 된다. 또 이 공정별능력표는 개선의 중점이 되는 네크 공정, 또는 수작업 등을 명확하게 알 수 있다.

표준작업조합표

공정별능력표 작성 후, 택트타임을 계산한다. 그리고 각 공정에서 수작업시간·보행시간·기계의 자동이송을 기입하고, 택트타임 내에서 어느 범위까지의 공정이 작업 가능한지 검토하는 것이다.

표준작업조합표가 만들어지면, 우선 감독자 자신이 실제로 작업을 해보고, 문제점 등이 없는지 확인하여 문제가 없다면 작업자가 납득할 때까지 지도한다.

표준작업표

작업자별 작업 범위, 즉 기계의 배치도 등에 작업 내용, 품질 체크, 안전·주의, 표준재공품과 그 수, 택트타임 등을 기입한 것으로, 낭비되는 움직임을 발견하여 개선하기 위한 것이다. 또한 작업 현장에 게시하고, 작업자가 올바로 작업을 하고 있는지 볼 수 있도록 하는 것이다.

이상 세 종류의 양식을 작성하고, 개선점의 발견과 지도서로서 활용하는데, 표준작업조합표와 같이 작업 내용을 명확하게 해 가는 것을 '표면화(表面化)' 한다고 하여, 이렇게 작성된 초기의 조합표를 '표면의 표준(表準) 조합표'라고 한다. 이를 활용하여 문제점의 발견과 개선 제안을 한다. 개선 제안 가운데 효과, 난이도, 비용 면 등에서 우선순위를 매겨 개선한다.

요점정리
- 공정별능력표에서는 작업 분석과 시간 관측을 확실하게 한다.
- 표준작업조합표에서는 작업 범위와 문제점의 발견이 용이하다.

공정별능력표

과장	조장	공정능력표		개정	년 월 일 작성		전체 페이지 중 페이지	
			품번	123C456	형식	SA-111	소속	성명
			품명	○○○	개수	15		

순서	공정명칭	기계	기본시간						절삭공구		가공능력	비 고
			수작업시간		자동이송시간		완성시간		교환개수	교환시간		
	소재 세팅	–	분	5 초	분	0 초	분	5 초	–	–	–	
1	상면 황삭	G14		3		20		23	300	1분30초		
2	모따기	M11		3		27		30	1500	1분15초		
3	구멍 뚫기	B11		3		18		21	300	1분40초		
4	표면 다듬기	G51		3		17		20	250	1분30초		
5	뒷면 다듬기	G52		4		18		22	250	1분30초		
6	품질 체크	–		4		0		4	–	–	–	
		합계	25									

표준작업조합표

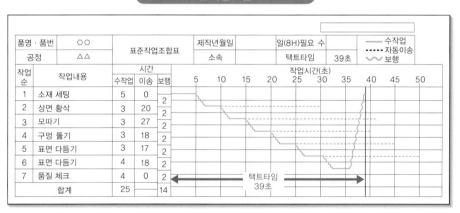

품명·품번	○○	표준작업조합표	제작년월일		일(8H)필요 수		── 수작업
공정	△△		소속		택트타임	39초	‑‑‑‑‑ 자동이송 / ◡◡ 보행

작업순	작업내용	시간			작업시간(초)
		수작업	이송	보행	5 10 15 20 25 30 35 40 45 50
1	소재 세팅	5	0	2	
2	상면 황삭	3	20	2	
3	모따기	3	27	2	
4	구멍 뚫기	3	18	2	
5	표면 다듬기	3	17	2	
6	표면 다듬기	4	18	2	
7	품질 체크	4	0	2	
	합계	25	14		택트타임 39초

표준작업표

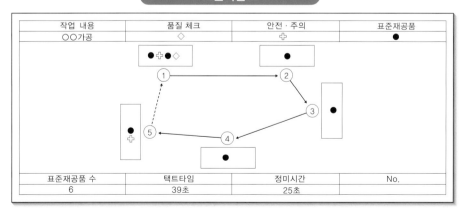

작업 내용	품질 체크	안전·주의	표준재공품
○○가공	◇	✛	●

표준재공품 수	택트타임	정미시간	No.
6	39초	25초	

표준작업의 다기능공화

표준작업이 설정되었다고 해서 작업자가 바로 그대로 작업을 할 수 있는 것은 아니다. 작업에는 숙련곡선이 있어서 익숙해짐에 따라 표준작업대로 작업할 수 있게 된다.

특히 다기능공화의 육성을 꾀하는 경우에는, 기능습득 상태를 나타내는 실적표에 기초하여 계획적으로 서서히 넓혀갈 필요가 있다.

아래 그림처럼 U자 라인에서의 작업자 훈련은 작업을 세분화하여 설정하고 미가공의 재료를 집어 ①의 작업부터 개시한다. B작업자는 ①~④ 정도의 작업량으로 택트타임을 사용하게 된다. 이때 작업자 B는 ①의 작업으로 돌아가고, 베테랑 작업자 A에게 ⑤ 이후의 작업을 인계한다.

이처럼 처음에는 ①~④까지만 할 수 있었던 작업도 서서히 여유가 생겨 작업자 B는 ①~⑥, ①~⑦, 그리고 드디어 ①~⑧의 작업 전체를 표준의 택트타임 내에서 할 수 있게 된다.

• 다기능공의 육성 훈련

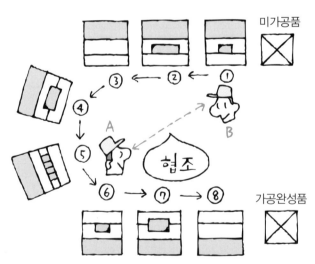

제 **5** 장

낭비 배제

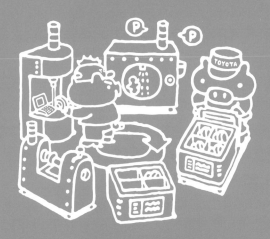

동작의 낭비와 관리·감독자의 일

부가가치를 창출하지 않는 작업은 모두 낭비가 되는 작업이다.

제조 현장의 작업 내용을 관찰해보면, 부가가치를 창출하지 않는 작업자의 작업 활동이 있다. 설비에도 이와 마찬가지로 부가가치를 창출하지 않는 활동이 있다. 이 부가가치를 창출하지 않는 작업자의 활동, 설비의 활동을 '동작의 낭비'라고 한다. 제조 공정의 기본 공정에는 가공, 검사, 운반, 정체(대기)가 있다. 이 모든 공정에서 공통적으로 나타나는 것이 동작의 낭비이며, 관리·감독자의 일은 이러한 동작의 낭비를 없애고 작업자의 움직임과 설비의 움직임을 줄여 정미(正味) 작업의 효율을 높이는 것이다.

현장 작업의 내용

현장을 잘 관찰하고 작업을 분석한다. 작업의 내용을 분석하면 ① 정미 작업, ② 부수 작업, ③ 낭비 작업, 세 가지로 구분할 수 있다. 작업자의 동작을 분석할 때, 기계의 동작에 관계없이 작업자의 동작만을 분석하고 낭비·편차·무리를 제거하여 정미 작업의 비율을 높이고 장시간 같은 작업을 할 수 있도록 개선한다.

① 정미 작업 : 부가가치를 높이는 작업

　　예 부품 세팅/나사 체결/절삭, 프레스, 용접의 가공 등

② 부수 작업 : 부가가치가 발생하지 않고 본래는 낭비가 되는 작업이나 현 작업 조건에서는 어쩔 수 없는 작업

　　예 준비 교체 작업/구입 부품의 포장 풀기 작업/절삭가공의 칩 제거 등

③ 낭비 작업 : 부가가치를 창출하지 않는 작업자의 움직임, 설비의 움직임 등으로 작업에 필요 없는 작업

　　예 적재이동 작업/보행/기계 감시/대기/제품 찾기/부품 가지러 가기 등

요점 정리
- 현장 작업에는 정미 작업, 부수 작업, 낭비 작업이 있다.
- 정미 작업의 효율을 높이는 것은 관리감독자의 일이다.

현장 작업의 내용

부가가치를 창출하지 않는
작업, 필요 없는 작업

부가가치를 높이는 작업

낭비 작업

정미 작업

동작

부수 작업

현 작업 조건에서는 어쩔 수 없는 작업

작업의 기본과 개선 발견의 포인트

작업의 기본	개선 발견 체크포인트
양손을 항상 동시에 사용할 것	양손이 놀고 있다. 대기가 많다. 한 손이 놀고 있다. 유지 작업이 많다.
기본 동작의 수를 최소한으로 할 것	찾고 선택하고 생각하는 등의 작업이 많다. 준비 작업이나 교환 작업이 있다. 조립이 어렵다. 보행 작업이 있다.
작업동작 간의 거리를 최단으로 할 것	작업동작이 크다. 돌아보는 각도가 크다. 팔을 움직이는 거리가 길다.
작업동작을 편하게 할 것	허리를 굽히거나 발돋움을 하는 작업이 있다. 힘을 필요로 하는 작업이 있다. 지나치게 피로하기 쉬운 자세가 있다.

제5장 낭비 배제 **71**

능률 향상의 함정
— 외관상의 능률과 진정한 능률

능률이란

생산 활동은 생산을 위해 사람, 물건, 설비 등의 경영자원을 이용하여 목적하는 제품이나 서비스를 생산해 내는 일이다. 이러한 생산 활동의 유효성을 평가하는 척도가 '능률'이다. 작업자의 능률은 생산된 총생산량 혹은 생산대수(output)에 대한 자원의 투입량(input), 즉 필요한 인원의 비율이다.

능률 향상의 목적

능률 향상의 목적은 원가를 절감하여 제품의 경쟁력을 향상시키는 것이다. 필요할 때, 필요한 물건을 과잉생산하는 낭비가 없도록 필요한 양만큼 적당하게, 소수의 인원으로 생산하는 것이 중요하며 그 결과 원가절감이 이루어져야 한다.

외관상의 능률 향상과 진정한 능률 향상

생산 현장에서 능률을 향상시키기 위해서는 output인 총생산량을 높이거나 input인 인원을 삭감하여 달성할 수 있다.

생산 현장의 낭비 중에서 가장 문제시되는 최대의 낭비는 과잉생산의 낭비다. 이 과잉생산의 낭비의 근본원인이 되는 것이 총생산량을 증대시키는 능률 향상이다. 이를 외관상의 능률 향상이라고 한다. 이 과잉생산의 낭비로 인해 운반의 낭비가 발생하고 보관 장소가 필요하게 되어 재고의 낭비가 생기며, 정리정돈이 필요하게 되어 비용의 낭비가 잇달아 발생한다.

과잉생산의 낭비의 원인이 되는 외관상의 능률 향상에 대해 판매량에 변화가 없거나 감소할 때에는 작업자의 수를 줄여서 능률을 향상시킬 필요가 있다. 이것이 진정한 능률 향상이며 원가절감으로 이어지는 능률 향상이다. 팔린 물건, 지금 팔릴 물건을 생산하려고 하면 항상 생산량의 증가 혹은 감소가 발생한다. 그러므로 생인화(省人化)에서 한발 더 나아가 생산대수에 맞게 인원을 증감하여 가장 적은 인원으로 생산에 대응할 수 있는 소인화(少人化)구조를 구축해 가는 것이 중요하다.

> **요점정리**
> • 원가절감으로 이어지는 것이 진정한 능률 향상
> • 외관상의 능률 향상은 과잉생산의 낭비의 원인

외관상의 능률 향상과 진정한 능률 향상

구분	개선내용	문제점
외관상의 능률 향상 대수증가는 외관상의 개선 $$능률 = \dfrac{생산대수}{인원}$$ 소인화는 진정한 능률개선 진정한 능률 향상	5명이 600대로 능력향상	100대는 과잉생산의 낭비가 되어 운반과 재고의 낭비가 생기며, 정리정돈이 필요하게 되어, 비용의 낭비가 잇달아 발생하므로 결국 원가절감을 할 수 없는 경우가 많다.
	4명이 500대로 능률 향상	원가절감에 직결되는 능률 향상을 더욱 발전시켜 필요대수에 유연하게 대응할 수 있는 소인화구조로 진행하는 것이 바람직하다.

전제조건: 시장의 필요대수 500대를 5명이 생산하고 있는 경우.

진정한 능률 향상을 목표로 하는 소인화(少人化)

정원제인 '생인화'에서 생산대수에 유연한 '소인화'로

생산대수 500대 : 5인 체제

생인화(省人化)(정원제)

원가절감으로 이어지는 진정한 능률 향상이나, 대수(생산량)의 증감에 대응하기 어렵고, 과잉생산의 낭비가 발생한다.

생산대수 500대 : 4인 체제

소인화를 위한 아이디어

❶ 누구라도 할 수 있는 작업으로 표준화
❷ 작업의 로테이션에 따른 다기능화
❸ 외딴 공정을 없애고, 다공정담당으로 한다.
❹ 기계를 간단히 좁은 공간에서 움직일 수 있도록 개선한다.

소인화(少人化)

팔리는 대수를 생산

생산대수에 맞는 인원

33 운반의 제로화가 목표
─ 운반의 낭비를 없애려면

　소재에서 제품에 이르는 제조 공정에는, 가공, 검사, 운반, 정체의 4가지가 있다. 운반은 소재나 부품·제품 등이 공정을 이동하여 그 위치가 바뀌는 것이다. 정체는 가공, 검사, 운반이 일어나지 않고 단지 시간만이 경과하는 상태다. 정체는 일반적으로 적치장소에 해당한다.

　부가가치를 창출하지 않는 공정, 부가가치를 높일 수 없는 공정은 모두 낭비가 되는 공정이다. 제조 공정 가운데 부가가치를 부여하고 높이는 데 공헌하고 있는 것은 가공과 검사 공정이다. 운반과 정체는 제품의 원가를 높일 뿐이다. 따라서 운반과 정체는 그 자체를 철저히 배제하고, 운반의 낭비와 정체로 인해 발생하는 재고의 낭비를 없애야 한다.

　운반에 부가가치를 부여하는 예로는 차갑게 온도를 유지하여 신선한 식품을 배달하는 냉장냉동택배나 시간지정택배가 있다. 한편 제조 공정에서는 정체되지 않고 물건과 정보가 흘러갈 수 있도록 하기 위해, 운반 작업자들에게 부품을 세트화로 준비하고 정보를 제공하는 역할을 주어 운반 작업에 부가가치를 부여하고 있다.

　운반의 기본은 다음과 같다.

　① 운반의 제로화 : 운반 그 자체의 철저한 배제, 기계설비의 배치 개선으로 운반 배제, 부품적치장소의 폐지, 부품 공급방법의 자동화 등.
　② 필요한 때에, 필요한 물건을, 필요한 양만큼 최소한의 비용으로 공급한다.
　③ 물건과 정보를 함께 제공한다.

　②와 ③을 구체적으로 전개한 것이 부품공급의 세트화와 순서화 및 다회공급이다. 또한 이를 실현하는 것이 세트 운반이며, 다회·혼재 운반이다.

　운반방법의 개선은 운반의 전후 공정이 가공이나 검사인 점을 인식하고 공정 전체에서 검토하는 것이 중요하다. 레이아웃 개선으로 시작하여, 이후 구체적인 운반도구와 반송장치 도입을 검토한다.

요점정리
- 운반의 제1기본은 운반작업의 제로화
- 제2기본은 세트 운반으로 물건의 공급과 정보 제공

운반의 기본

필요한 때에, 필요한 물건을, 필요한 양만큼 최소한의 비용으로 공급한다.

세트 운반과 목적	세트 운반이란 전공정과 부품적치장소를 돌며 필요한 부품을 모아서 세트화하여 조립라인에 공급함으로써 필요한 때에 조립을 시작할 수 있게 하는 것이다.
	목적은 조립 공정과 전공정을 저스트 인 타임(Just in Time)으로 동기(同期) 생산하여 전공정의 과잉생산의 낭비를 없애는 것이다.
운반 작업자의 역할	운반 작업자는 부품을 준비하고 조립라인에 공급하는 것 이외에 작업자에게 다음과 같은 정보를 제공하는 역할을 한다.
	• 생산 기종과 그 순서, 대수
	• 조립의 지연 및 진행 상황 등
	세트 운반으로 정체되지 않는 상태에서 물건과 정보가 제공될 수 있도록 하는 것이다.

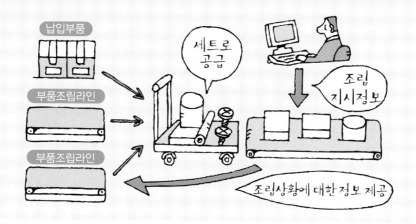

34 컨베이어는 필요최소한으로
— 사용방법에 따라 낭비가 발생한다.

컨베이어를 사용목적별로 살펴보면, 제품의 조립작업에 사용하기 위한 컨베이어, 제품이나 부품을 저장하기 위한 컨베이어, 조립라인에 부품을 공급하는 컨베이어 등이 있다.

조립작업에 사용하는 컨베이어는 어떠한 작업 형태로 이루어지는가에 따라 다음의 두 가지로 나누어진다.

① **이동형** : 제품이 이동하면서 작업을 하는 형태

② **정지형** : 제품이 정지된 상태에서 작업을 하는 형태

이동형은 일정한 스피드로 이동하는 컨베이어 상에서 조립작업을 하는 것으로 컨베이어의 종류로는 벨트 컨베이어와 슬래트 컨베이어가 많이 사용되고 있다. 정지형은 정지시키지 않으면 작업이 어려운 경우에 사용되며 다음의 2가지 종류가 있다.

ⓐ **라인오프형** : 제품을 컨베이어에서 꺼내어 작업을 하고, 작업 종료 후 다시 컨베이어에 올려놓는 방식이다.

ⓑ **라인온형** : 제품이나 치구(治具)의 크기가 커서 컨베이어에서 꺼내거나 되돌려놓기가 어려운 경우에 사용된다. 작업자가 컨베이어 상에서 작업을 하는 정속식과 컨베이어를 일정간격으로 정지시켜 작업을 하는 택트식이 있다. 택트식은 자동차 차체 등의 용접조립에 사용된다.

다음으로 제품과 부품을 저장하기 위한 컨베이어와 조립라인에 부품을 공급하는 컨베이어에는, 롤러컨베이어와 공장의 공간을 이용한 오버헤드컨베이어가 많이 사용되고 있다.

컨베이어는 그 길이에 비례하여 가공 공정이 증가하고 제조기간이 길어진다. 또한 초기 투자 이외에 설계변경과 배치변경에 따른 개조 비용 등이 발생한다. 도입 시 컨베이어의 낭비를 잘 이해하고 목적에 맞는 컨베이어를 도입하는 것이 중요하다.

요점정리
- 조립의 작업 형태에 따라 컨베이어 선정
- 컨베이어의 낭비를 이해하고 목적에 맞는 컨베이어 선택

작업 형태와 컨베이어

이동형

작업대를 겸한 정속 컨베이어

정지형(라인오프형)

제품운반용 정속 컨베이어

정지형(라인온형 : 택트식)

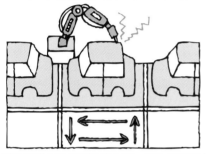

일정 간격으로 제품을 반송하는 택트 컨베이어

정지형(라인온형 : 정속식)

작업자는 컨베이어 상에서 작업

정속 컨베이어

컨베이어의 낭비

항목		컨베이어의 낭비
생산원가의 절감	재공품의 감소	컨베이어의 길이에 비례하여 재공품이 늘어난다.
	제조기간의 단축	컨베이어의 길이에 비례하여 제조기간이 길어진다.
	작업시간의 단축	컨베이어가 길어지고 인원이 많아질수록 라인의 균형이 깨지고 시간손실이 증가하여 비용증가의 원인이 된다.
기종 변경과 제품설계 변경에 대한 대응력		단순 변경에는 대응할 수 있으나 신기술에 대응한 대폭적인 제품 변경에는 대응이 어려운 경우가 많다.
작업조건의 개선과 피로 경감		컨베이어가 있기 때문에 공정 간의 왕래가 어렵고 동작에 무리가 발생하여 피로가 쌓이고 능률이 저하된다.
설비투자액의 절감		초기투자를 포함하여 생산대수, 기종 변경, 설비의 합리화 등에 대응하여 컨베이어 개조를 위한 투자가 항상 필요하다.

35 낭비란
— 낭비를 인식하는 인재육성

우리가 일을 할 때 낭비가 되는 일을 하려고는 하지 않지만, 결과적으로 많은 낭비를 발생시킬 때가 있다. 그러한 가운데 낭비를 인식하지 못하고 또한 개선하지 않으면 치열한 경쟁 속에서 살아남기 어렵다.

낭비란 무엇인가

일을 할 때 생산적 또는 시간적으로 부가가치를 창출하지 않는 것 또는 과잉 공수 · 재료를 소비하는 것을 말하며 구체적으로는 다음과 같은 것이 있다.

① 시간(공수)의 낭비

　대기, 찾기, 운반의 이중수고, 과잉검사

② 재고의 낭비

　재료 · 자재의 과잉구매, 중간 제품의 적체, 제품재고 과다 및 장기 체류

③ 불량발생으로 인한 낭비

　자원의 불필요한 사용, 개조, 수정

④ 동작의 낭비

　부적절한 치공구 · 작업방법, 표준화 부족으로 인한 부적절한 동작(손실)

낭비의 분석방법

시간적인 견해와 동작적인 견해로 분석하는 방법이 있으며 다음과 같다.

• 개략분석(중점발견) → (포인트)상세분석

　시간 : 가동분석 → 시간분석 → PTS법

　동작 : 공정분석 → 동작분석 → Therblig법

예를 들어 가동분석결과를 그래프로 나타내면 그림 1과 같다.

낭비를 인식하는 인재육성과 개선

어느 회사나 많은 낭비를 안고 있다. 그러나 그 낭비를 인식하는 인재육성을 중시하고 교육실천을 하는 곳은 매우 적은 듯하다. 그림 2에서 보는 것처럼 지속적인 교육훈련이 필요하다.

요점정리
- 낭비분석은 중점을 발견하고 나서 상세분석으로
- 낭비를 인식하는 인재교육은 끈기 있게 지속적으로

가동분석 결과(그림 1)

개선 최대 중점
(제1단계)의 개선

제3단계의 개선

대기
사전 협의
일수 기입
이물질 처리
개별 용무

여유 | 주체
작업

가공 · 조립

부대 ·
부수작업

준비 · 형 교체
재료설치 해체
검사

제2단계의 개선

낭비를 인식하는 인재육성(그림 2)

1 3분간 아이디어 발상

개선회의 전에 3분간 아이디어 집중
발상 훈련

2 10분 10개의 개선제안 창출 훈련

관리 · 감독자
(훈련)

작업자

현장에 서서 10분간에 최저 10개, 정기적으로
개선제안을 한다(동작, 품질, 비용, 안전 등).

도요타생산방식에서 낭비의 표기 구분

가타카나로 표기하는 낭비(ムダ) : 가공실수, 대기(한번 보면 알 수 있는 것)

히라가나로 표기하는 낭비(むだ) : 시스템을 바꾸면 필요 없게 되는 것(얼핏 보면 일처럼 보이는 것)

제5장 낭비 배제 79

36 7대 낭비
— 도요타생산방식은 낭비를 7가지로 구분

도요타생산방식에서는 제품원가가 증대되는 낭비를 1차적 낭비에서 4차적 낭비로 구분하여 개선점을 명확히 하고 있다. 그 주요한 내용은 다음과 같다.

① 1차적 낭비-과잉인력, 설비, 재고
② 2차적 낭비-과잉생산(최악의 낭비)
③ 3차적 낭비-과잉재고의 낭비(이자비용)
④ 4차적 낭비-여분의 창고, 운반자, 운반설비, 관리자 및 유지자, PC 이용

이와 같은 낭비들로 인해 제품원가가 증대하게 된다.

7대 낭비(낭비를 다음과 같이 7가지로 구분한다.)

① **과잉생산의 낭비** : 일의 과잉진행, 과잉인원 및 설비로 인해 재료를 미리 사용함으로써 발생. 최악의 낭비로서 최대 중점관리 대상
② **대기의 낭비** : 자동설비에서의 감시, 기계고장으로 인한 작업불가 상태, 부품대기·결품으로 인한 작업대기 등의 상태
③ **운반의 낭비** : 필요 이상의 운반거리, 공정 중간의 임시적치 및 운반의 이중수고 발생, 이동적재
④ **가공 자체의 낭비** : 작업상태가 불안정하거나 작업자가 미숙하여 최적의 속도에서 가공이 불가능하다.
⑤ **재고의 낭비** : 창고비, 운반비, 관리비 등의 재고관리비용과 녹이 스는 등의 품질 저하로 인한 손실
⑥ **동작의 낭비** : 보행과 재료·치구 세팅 및 해체, 무리한 작업 자세나 판단 착오로 인한 손실
⑦ **불량품을 만드는 낭비** : 불량 발생으로 인한 재료 및 부품·공수의 낭비

이 중에서 가장 나쁜 낭비를 과잉생산의 낭비로 보고 최대한 중점 관리한다. 과잉생산의 낭비는 다른 낭비를 보이지 않게 하여 개선을 저해하기 때문이다.

요점정리
- 과잉생산의 낭비를 최대 중점관리
- 7대 낭비를 보는 시각 양성

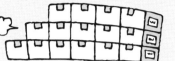

7대 낭비와 개선대책

낭 비	대 책

1 과잉생산의 낭비

- 간반 활용
- 한 개 흘리기

중요 택트타임의 사고방식

2 대기의 낭비

- 공정의 흐름화
- 한 개 흘리기

중요 인변의 자동화의 사고방식

3 운반의 낭비

- 운전자 이어 타기 방식
- 콜택시 방식
- 부품의 세트 운반

중요 범주화의 사고방식

4 가공 자체의 낭비

- 기술 개발
- 불필요 부분의 가공 배제

5 재고의 낭비

- 간반활용
- 철저한 평준화

중요 공정 내 재고의 상한선을 지킨다.
순차적으로 상한선을 낮춘다.

6 동작의 낭비

- 표준작업의 설정과 개선

중요 레이아웃의 변경을 용이하게 한다(설비 등은 고정식 설치방법 사용 불가).

7 불량품을 만드는 낭비

- 인변의 자동화로 근절

중요 불량 → 자동(自働)정지

작업의 재분배

— 생인(省人), 공수절감은 기본을 철저히

작업의 분배나 재분배는 생산성에 크게 영향을 주며, 작업자의 불만도 발생하기 쉬우므로 충분히 배려하여 실행해야 한다. 특히, 라인 작업에서는 각 라인의 부가가치를 창출하지 않는 작업을 중점적으로 개선해야 하며, 더욱이 최대한 설비투자에 비용이 들지 않는 것을 최우선적으로 개선한다.

개선단계의 기본적인 내용은 다음과 같다.

- 1단계-각 공정의 낭비 작업의 개선(제거)
- 2단계-작업의 재분배 → 그림(개선 후 좋은 예)
- 3단계-작업자 G를 뺀다 → 그림(개선 후 좋은 예)
- 4단계-작업자 F를 빼기 위해 A~F의 낭비 작업 제거

1단계에서는 동작 및 시간분석을 상세하게 실시하여 각 공정에서의 낭비작업을 철저히 개선한다. 구체적 내용은 아래의 표와 같다.

2, 3단계에서는 각 공정을 택트타임(100초)의 상한선에 최대한 맞추도록 적절히 분배하고, 최종작업자 F는 37초 만 분배하여 63초분은 할 일이 없다는 것을 명확히 하기 위해 아무것도 하지 않은 채 서 있는 것이 중요하다.

4단계에서는 작업자 F의 생인화(省人化)를 위해서 다시 해당 공정을 개선한다.

작업 재분배를 할 때 각 작업자에게 작업량을 공평하게 분배(개선 후 : 나쁜 사례)해서는 안 된다. 이렇게 되면 작업의 낭비가 눈에 드러나지 않아 개선에 지장을 주기 때문에 주의해야 한다.

구 분	낭 비	개선안
효율적 동작(인체 사용)	찾기, 낭비동작과 보행	• 선반, 표시 철저 • 동작범위 최소화
작업 용이화(작업설비)	위치 맞추기에 따른 손실 공구 교환	• 간편한 위치 맞춤 • 공구 조합
작업효율화(설비 등의 설계)	찾기, 넣고 빼기, 멈추기	• 치공구의 정위치화 • 낙하 배출

요점정리
- 재분배 시에 작업여유시간은 한 사람에게만
- 작업량의 균등분배는 작업의 낭비를 감춘다.

작업의 재분배

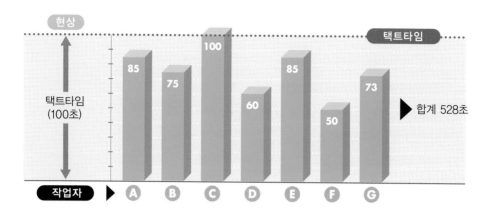

현상

택트타임
(100초)

택트타임

85 75 100 60 85 50 73

합계 528초

작업자 ▶ A B C D E F G

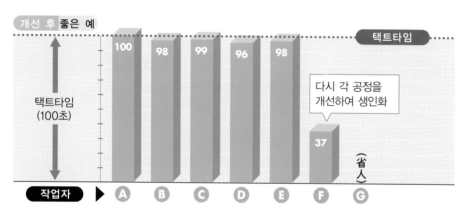

개선 후 좋은 예

택트타임
(100초)

택트타임

100 98 99 96 98 37

다시 각 공정을
개선하여 생인화

(省人)

작업자 ▶ A B C D E F G

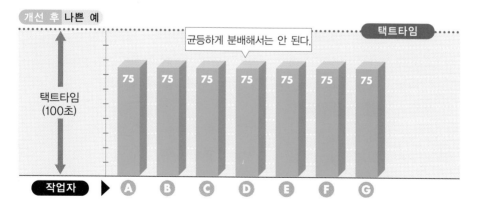

개선 후 나쁜 예

택트타임
(100초)

택트타임

균등하게 분배해서는 안 된다.

75 75 75 75 75 75 75

작업자 ▶ A B C D E F G

38 작업 개선과 설비 개선
— 철저한 작업 개선에서 설비 개선으로

작업 개선이란, 설비 개선이란

작업 개선이란, 작업이 유연하게 흘러가도록 하는 것이다. 이 중에는 작업자와 설비의 일을 나누어 설비의 낭비동작을 없애는 것과 작업하기 쉬운 설비로 개선하는 것 등이 포함된다.

설비 개선이란, 능력향상과 합리화를 위해 신규 설비나 자동화 설비 등을 도입하는 것이다.

작업 개선에 따른 점진적 상승

지혜를 모아 작업 개선을 철저히 반복하여 개선내용의 점진적 상승을 도모해 나가는 것이 중요하다. 그 이후에 점진적으로 발전한 작업장에 맞는 설비 개선과 레이아웃 개선을 실시하여 낭비 없는 공장을 조성해간다.

철저한 작업 개선에서 설비 개선으로

작업 개선을 철저히 반복하고 그 이후 설비 개선을 실시하는 것이 개선의 효과를 볼 수 있으며, 그 이유는 다음과 같다.

① 설비 개선은 일시적이고 작업 개선은 무한하다.

② 설비 개선은 거액의 투자가 필요하다.

또한 작업 개선을 하지 않고 낭비를 방치한 채 설비 개선을 한다면 다음과 같은 폐해와 낭비가 발생한다.

③ 개선을 통한 인재육성이 불가능하다.

④ 현재 보유한 설비의 진정한 기능이 발휘되지 않는다.

⑤ 다음 설비를 계획할 때, 자사에 맞는 설비계획을 세우기 어렵다.

자사 독자적인 물건 만들기

설비 개선을 통해 단독설비에서 라인 전체 및 공장 전체로 잘 개선해 나가기 위해서는 작업 개선의 내용을 다음 설비계획에 반영시키는 것이 중요하다. 자사 독자적인 제품 제조가 가능하며 끊임없는 개선체제가 구축된다.

요점정리
- 자사 독자적인 물건 만들기는 작업 개선의 반복에서 시작
- 설비 투자에 따른 개선은 일시적, 작업 개선은 무한

목표는 자사 독자적인 물건 만들기

작업 개선과 설비 개선에 따른 자사 독자적인 물건 만들기

설비 개선이란

설비투자의 목적은 무엇인가
• 신제품 개발 　• 생산능력 향상 　• 인원 합리화 　• 품질 향상

설비 내용은
• 작업 개선의 내용을 적용시킨 설비인가
• 최신 기능을 적용시킨 설비인가

작업 개선에 따른 끊임없는 개선을 진행하는 체제

• 직무 로테이션에 따른 다기능공화
• 생인화(省人化)보다는 소인화(少人化)
• 혼류 한 개 흘리기
• 싱글 준비교체에서 원터치 준비교체
• 이상감지에 따른 자동 정지

5S 철저

철저한 작업 개선으로 점진적 향상

4S 철저

동작의
낭비 제거

흐름방법의 개선
• 택트타임 설정
• 동기화(同期化)
• 공정순 배치

설비작업 개선
• 작업조건 변경
• 낭비동작의 제거
• 일의 순서 개선

눈으로 보는 관리
• 생산관리판 　• 안돈 　• 표시간판 등

39 눈으로 보는 관리로 이상에 대처
— 낭비를 발견하고 낭비를 줄이기 위한 관리

낭비를 발견하고 낭비를 줄인다

'저스트 인 타임'을 모든 공정에서 철저히 적용하고, 각 공정의 가공방법을 재검토하여 과잉생산에 따른 재고의 낭비 등을 없앰으로써 비용 절감을 한층 더 실현해 나가는 것이 중요하다.

이 저스트 인 타임과 인변의 자동화, 표준작업, 눈으로 보는 관리 등은 낭비를 발견하고 낭비를 줄이기 위한 관리다. 이 중에서 눈으로 보는 관리란, 설비나 각종 라인의 가동 상황과 재고량, 생산의 진행상태, 불량발생 상황 등, 현장 관리에 필요한 모든 것에 관해 누가, 언제 보더라도 정상인지 이상이 있는지를 파악하여 원인을 찾아 개선할 수 있는 상태로 만드는 것이다.

눈으로 보는 관리의 기본과 포인트

눈으로 보는 관리의 기본은 5S의 추진(정리, 정돈, 청결, 청소, 마음가짐)이다. 5S는 누구라도 한눈에 정상인지 이상인지를 알 수 있는 현장으로 만들기 위한 출발점이며 기본이 된다. 이 중에는 작업장과 통로의 구획표시나 물건의 적치장소가 포함된다.

제1포인트는 생산상황이 계획에 맞게 진행되고 있는지 바로 알 수 있도록 하는 것이다. 생산실적이나 계획대수와의 차이 등을 한눈에 알 수 있는 방법으로 '생산관리판'이 있다.

제2포인트는 설비나 작업이 순조롭게 가동되고 있는지, 어떤 이상이 일어나고 있는지를 알 수 있도록 하는 것으로 관리·감독자에게 이상 발생을 알리는 것이 '안돈'이다. 부품 부족, 불량, 설비 고장, 그리고 이상은 아니지만 준비작업 중일 때 등을 안돈으로 알린다.

제3포인트는 품질상태를 포함하여 현장의 정보를 모두 공개하여 사원 전체가 현장 목표 달성에 참여할 수 있도록 하는 것이다. 회사 밖의 클레임 상황, 제품의 비용절감목표나 현장목표와 그 달성상황 등의 정보를 알린다.

요점정리
- 누가, 언제 보더라도 정상인지 이상인지를 알 수 있는 상태로
- 기본과 포인트는 정리, 정돈, 생산 차이의 관리, 안돈과 각종 정보의 공개

눈으로 보는 진찰	귀로 듣는 진찰

정밀검사를 합시다

위 내시경 카메라로 하는 눈으로 보는 검사 누구라도 한눈에 알 수 있는 병의 상태	청진기를 이용하여 귀로 듣는 진찰 경험에 기초한 진단

눈으로 보는 관리의 기본과 포인트

제3 포인트
현장정보의 시각화
사외 클레임 정보, 비용절감목표, 현장목표
와 달성 상황

무엇이
개선되고 무엇이
정착되었는가?

제2 포인트
이상 관리의 시각화
불량, 설비 고장, 준비작업 중 등의 안돈
표시

계획 미달 및
이상의 원인은
무엇인가?

제1 포인트
생산 상황의 실적관리 시각화
생산관리판, 간트차트

5S의 추진
(정리, 정돈, 청결, 청소, 마음가짐)

40 각종 관리판(안돈 등)
— 눈으로 보는 관리도구는 다양

관리 도구의 목적

누가 언제 보더라도 정상인지 이상인지를 알고 원인을 찾아 개선할 수 있는 체제를 구축할 필요가 있다. 원인을 찾아 효과적으로 개선하기 위해서는 직감, 경험, 배짱에 의존하지 않고 정확한 정보나 데이터를 모아서 분석하고 사실에 기초한 판단을 하는 것이 필요하다. 관리도구의 목적은 낭비나 이상을 명확히 하는 것이며 그 원인을 찾아서 개선해 나가기 위한 데이터를 수집하는 것이다. 끊임없이 개선을 지속해 가기 위해서는 현장목표에 맞는 관리도구를 설정하여 정확한 데이터를 수집하는 것이 중요하다.

눈으로 보는 관리의 도구

낭비나 이상을 명확히 하는 방법은 그 목적에 따라 다음과 같은 도구가 있다.

① 생산관리판

생산계획에 따라 진행되고 있는지, 지연되고 있는지 등의 생산상황을 나타내는 관리판에 실적대수, 가동상황, 라인 정지의 원인 등을 기입 표시한다.

② 안돈

안돈은 설비나 라인의 가동상황, 이상내용을 관리 · 감독자에게 알리기 위한 표시등(表示燈)이다. 안돈에는 그 목적에 따라 ① 부품 부족, 불량, 설비 고장 등의 이상안돈, ② 정상운전 중, 준비작업 중 등을 표시하는 가동안돈, ③ 작업의 진행상황을 파악하기 위한 진도안돈 등이 있다.

③ 표시간판 · 구획표시

부품이나 치공구 등이 어디에 얼마나 있는지를 누가 보더라도 알 수 있도록 하기 위한 표시간판과 부품적치장소, 통로 등을 표시하는 구획표시 등이다.

④ 클레임 정보 · 회사 목표

전 사원이 회사의 목표 달성에 참여할 수 있도록, 시장에서 어떠한 클레임이 있는지, 또는 회사의 목표는 무엇인지, 그 달성상황 등과 같은 정보를 제공한다.

요점정리
- 관리 도구의 목적은 개선을 위한 데이터를 수집하는 것
- 자사의 현장에 맞는 관리 도구의 설정이 중요

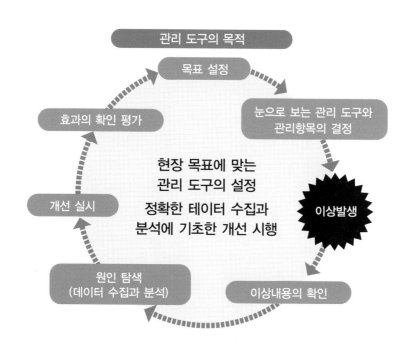

각종 관리판의 예

생산관리판

시간대	계획	실적	차이	비고
9:00~10:00	50/50	45/45	·5/·5	○○ 고장
10:00~11:00	50/100	50/95	0/·5	
11:00~12:00	50/150	45/140	·5/·10	××로 인한 지연

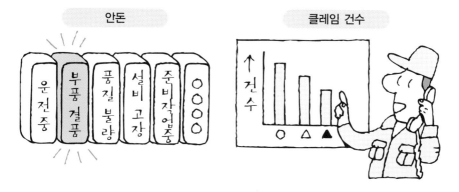

안돈

클레임 건수

41 찾는 수고를 줄이는 정리·정돈
— 물건을 찾아다니는 낭비

내용 및 원인

정리·정돈이 제대로 되어 있지 않아 그때마다 필요한 금형이나 치공구, 재료를 찾아다니는 낭비가 있다. 그 사이 중요한 생산활동이 방치되어 생산효율을 떨어뜨린다. 물건을 찾는 행위는 아무런 부가가치도 창출하지 않을 뿐 아니라 생산의 저해요인이 된다. 게다가 목적한 물건을 찾지 못해 재준비를 할 경우가 생기면 낭비는 더욱 늘어나게 된다.

대책

이 낭비 제거에 가장 효과적인 활동이 5S 활동이다. 그 중에서도 정리·정돈(2S)은 5S활동의 첫 관문에 해당하는 기본 활동이다. 불필요한 물건은 버리고 필요한 물건만을 바로 꺼낼 수 있도록 적치장소를 정해 식별하여 보관한다.

정리·정돈은 제조의 기본이라고 하는데 이는 정리·정돈이 생산성 향상, 품질 향상, 안전작업의 확보, 운반작업의 합리화, 원가절감 등의 기본이 되기 때문이다.

물건을 찾는 낭비의 제거는 물건의 정돈에서 비로소 가능하게 되며, 그러기 위해서는 공장 안에 넘쳐나는 여러 가지 물건의 정리에서 시작해야 한다.

정리는 필요한 물건과 필요 없는 물건을 명확하게 구분하여 필요 없는 물건을 버리는 것이다. 포인트로는 다음 표에 나와 있는 것과 같은 정리기준을 세우고 필요 정도에 따라 층별관리를 할 수 있다.

정리 결과 필요하다고 판단된 물건에 대해서는 언제라도 즉시 꺼내고 즉시 사용할 수 있도록 제자리에 잘 두고, 누구라도 알 수 있도록 식별표시를 하는 것이 정돈이다. 정돈은 다음의 세 가지 원칙에 따라 실시한다.

① 적치장소를 정한다 – 법칙성이 있는 결정방법
② 적치방법을 정한다 – 넣고 빼기의 용이성
③ 보관규칙을 준수한다 – 규칙준수 철저

요점정리
• 정리·정돈은 5S의 기본
• 필요도에 따른 층별 관리

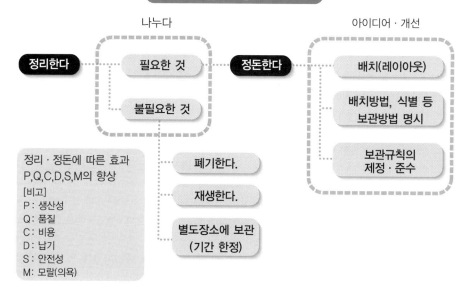

정리 · 정돈

정리한다 ⟶ 나누다
- 필요한 것
- 불필요한 것

정돈한다 ⟶ 아이디어 · 개선
- 배치(레이아웃)
- 배치방법, 식별 등 보관방법 명시
- 보관규칙의 제정 · 준수

정리 · 정돈에 따른 효과
P,Q,C,D,S,M의 향상
[비고]
P : 생산성
Q : 품질
C : 비용
D : 납기
S : 안전성
M : 모랄(의욕)

- 폐기한다.
- 재생한다.
- 별도장소에 보관 (기간 한정)

정리 포인트

	사용 빈도	정리방법
적다	연 1회 사용 혹은 사용하지 않음 --------→	폐기
	반년~1년/1회 사용	멀리 보관 (상황을 봐서 폐기)
보통	1~2개월에 1회 이상 사용 --------------→	현장 내에 정리해둔다.
많다	매일~주 1회 이상 사용 ---------------→	작업장에 둔다.

42 환경청소보다도 점검청소를
— 청소는 점검, 점검은 이상 발견

청소란, 직장을 쓰레기나 기름때 등이 없는 깨끗한 환경으로 보존하고, 쾌적한 일터로 조성하기 위한 활동이다. 마루바닥이나 벽면은 물론, 기계설비, 치구, 공구, 선반 등 직장에 설치되어 있는 모든 물건을 청결히 한다.

그러나 기계설비를 깨끗이 한다는 것은 설비 본체나 커버를 번쩍번쩍하게 닦거나 도장보수를 하여 외관을 깨끗하게 보이게 하는 것과는 다르다.

기계설비의 청소는 점검청소(청소점검)라는 사고를 바탕으로 실시한다.

- 청소는 점검이 되고
- 점검은 이상 부위의 발견이 된다

라는 말과 같이 청소점검은, 생산 활동에서 큰 낭비(순간정지, 속도 저하, 파손 등으로 인한 제품불량이나 수정)로 이어지는 기계 고장의 싹을 발견하고 개선하기 위한 중요한 첫걸음이 된다.

기계의 정비를 보전 부문의 담당자에게 맡기는 것이 아니라 제조현장의 사람들이 적극적으로 참여해서 '자신이 사용하는 기계는 자신이 지킨다'는 의식을 가지고 활동한다.

그 활동에는 보통 아무렇지도 않게 지나쳐 버리던 기계의 기름때나 이물질, 먼지 등 오랜 세월 동안의 때 벗겨내기를 비롯하여, 지금까지 점검한 적이 없는 곳의 설비뚜껑이나 커버를 열고 기계설비의 구석구석까지 깨끗하게 청소해 간다.

그 결과, 좀 이상하다고 생각되는 부분이 많이 발견될 것이다.

이와 같이 하여 발견된 이상 정보는 매우 귀중하며, 설비 본연의 모습을 생각하거나 설비 자체를 자세히 알게 됨으로써, 다음 단계인 개선활동으로 발전하게 되어 설비에 강한 현장작업자를 양성하고 기계고장을 미연에 방지할 수 있다.

그 결과 많은 공장에서 '설비가 되살아났다', '현장작업자들의 기계 보는 눈이 달라졌다', '현장이 바뀌었다'는 등의 성과를 거두고 있다.

요점정리
- 자신이 사용하는 기계는 자신이 지킨다.
- 좀 이상하다는 느낌이 귀중한 정보가 된다.

청소점검

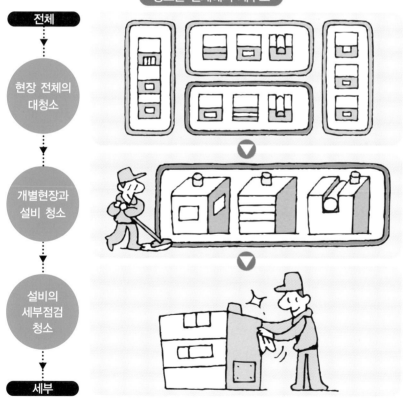

청소는 전체에서 세부로

전체

현장 전체의
대청소

개별현장과
설비 청소

설비의
세부점검
청소

세부

다설비 담당에서 다공정 담당으로

— 재공품의 과잉생산을 막는다.

다설비 담당

다설비 담당은 기계가공을 하는 공정에서 기종별로 기계를 배치하여 능률을 올리는 방법이다. 작업자 한 명이 한 대의 기계를 담당하는 형태는, 작업자가 기계에 가공물을 세팅하여 이송시키면 기계가 가동하고 있는 동안 대기의 낭비가 발생한다. 그래서 한 대가 절삭가공을 하고 있는 동안 다른 기계에 가공물을 세팅하거나 꺼내도록 하여 가능한 많은 동종 기계를 담당하게 한다. 이렇게 함으로써 작업자 한 명당 생산량을 올릴 수 있게 된다. 반면에, 재공품을 과잉 생산하여 낭비가 발생하기 쉽다. 그래서 공정순으로 가공을 하기 위해 다공정 담당이라는 발상이 나온 것이다.

다공정 담당

한 개 흘리기까지 하지 않더라도 로트를 소규모화하면 대량로트 때는 보이지 않았던 공정 간 택트타임의 평준화 문제가 나타난다.

컨베이어 시스템에 의한 조립라인 작업의 경우는 택트타임에 맞게 공정별 작업 내용을 조정하여 공정 간의 균형을 맞추어 표준화 생산을 하기가 비교적 용이하다.

기계가공의 경우에는 공정별 기계시간(머신타임)이나 작업자의 숙련도에 따라 크게 영향을 받기 때문에 각 공정 간의 작업시간을 균일화하기 어려워 평준화가 매우 힘들다.

그래서 기계가공 현장에서 한 개 흘리기 생산을 실현하는 수단으로 작업자가 작업의 운반도 하면서 여러 대의 기계 사이를 이동하며 가공작업을 하는 발상을 하게 되었다. 작업이 가공순서에 따라 나열되어 있는 종류가 다른 기계군(예를 들면 선반, 밀링, 드릴, 연삭기 등)의 어느 범위를 한 사람의 작업자가 담당하여 연속해서 가공한다. 이 방식을 '다공정 담당'이라고 한다. 다공정 담당을 실현하기 위해서는 작업자의 다기능화가 필수조건이 된다.

> **요점정리**
> • 택트타임의 평준화
> • 다기능화가 포인트

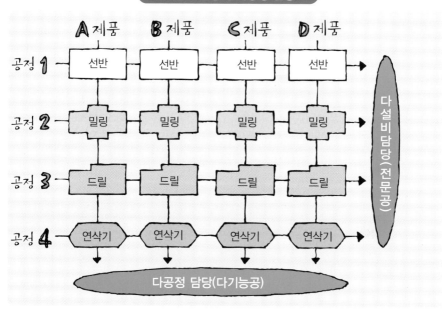

다설비 담당과 다공정 담당

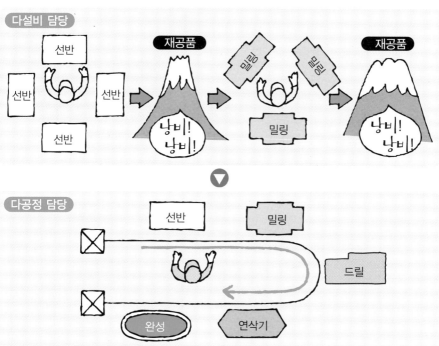

44 원활하고 유연성 있는 레이아웃
— 사람 · 물건 · 정보의 흐름을 고려한다.

제조를 위한 레이아웃에서는 물건의 흐름, 작업자의 움직임, 정보의 흐름이 원활하게 흐르도록 하는 것이 중요하다. 레이아웃이 부적절하면 작업자, 물건, 설비의 비효율적인 운용과 시간 손실이 발생한다. 또한 레이아웃을 수정하기 위해서 전면적인 재설계 · 재배치가 필요하게 되는 경우에는 막대한 비용과 시간이 들게 된다. 그러므로 기본적 원칙에 따라 장기적인 관점에서 계획해야 한다.

레이아웃 계획의 기본적인 진행과정에서 유의해야 할 사항은 다음과 같다.

레이아웃의 원칙

① 방침 · 목표의 명확화

② 생산규모 · 내용 변화에 대한 탄력적 대응 가능성

③ 공정의 흐름화와 동선의 단축화

④ 관리 · 감독의 용이화

⑤ 4M의 전체적 효율화

⑥ 환경 · 안전 면에 대한 배려

고려사항

① 재공품이 쌓이지 않는 레이아웃-한 개 흘리기

② 따로 챙길 필요 없는 레이아웃-운반 배제

③ 다공정 담당의 레이아웃-소인화

④ 단위라인이 연결 가능한 레이아웃-소인화

⑤ 바톤터치 존이 있는 레이아웃-능률 향상

금지사항

① 배타적 사고를 버린다.

② 새장 안의 새와 같은 고립된 배치를 하지 않는다-팀워크 저해

③ 외딴 공정을 만들지 않는다-팀워크 저해

④ 상호 협조가 용이하도록 배치한다.

요점정리

• 기본 원칙에 따른 레이아웃 계획

• 금지사항을 준수한다.

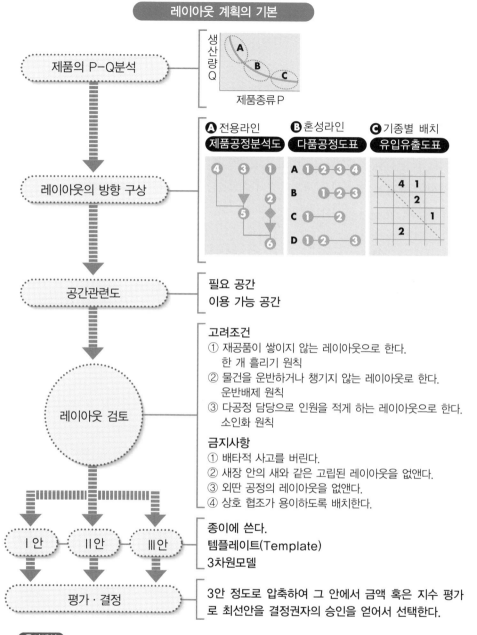

레이아웃 계획의 기본

제품의 P-Q분석

생산량 Q / 제품종류 P

A / B / C

ⓐ 전용라인 — 제품공정분석도
ⓑ 혼성라인 — 다품공정도표
ⓒ 기종별 배치 — 유입유출도표

레이아웃의 방향 구상

공간관련도

필요 공간
이용 가능 공간

레이아웃 검토

고려조건
① 재공품이 쌓이지 않는 레이아웃으로 한다.
　　한 개 흘리기 원칙
② 물건을 운반하거나 챙기지 않는 레이아웃로 한다.
　　운반배제 원칙
③ 다공정 담당으로 인원을 적게 하는 레이아웃으로 한다.
　　소인화 원칙

금지사항
① 배타적 사고를 버린다.
② 새장 안의 새와 같은 고립된 레이아웃을 없앤다.
③ 외딴 공정의 레이아웃을 없앤다.
④ 상호 협조가 용이하도록 배치한다.

Ⅰ안 / Ⅱ안 / Ⅲ안

종이에 쓴다.
템플레이트(Template)
3차원모델

평가 · 결정

3안 정도로 압축하여 그 안에서 금액 혹은 지수 평가로 최선안을 결정권자의 승인을 얻어서 선택한다.

용어해설

4M : Man(사람), Machine(기계 · 설비), Material(재료), Method(가공방법)의 4가지를 말하며, 이를 생산의 4요소라고 한다.

45 직선 라인에서 U자 라인으로
— 소인화로 이어지는 U자 라인

기계가공을 하는 현장에서 한 개 흘리기 생산을 하기 위해 작업의 가공순서에 따라 배치되어 있는 다른 종류의 기계군(예를 들면 선반, 드릴, 절단기, 용접기 등) 내의 한 범위를 한 사람의 작업자가 담당하여 연속적으로 가공한다.

이 경우에 작업자의 기본적인 움직임은 전공정에서 보내 온 작업을 가공순서로 배치된 기계군을 사용하여 가공하고, 담당범위의 작업을 마치면 다음 공정으로 작업을 넘긴다. 그리고 담당공정의 처음으로 돌아가 다음 작업의 가공을 시작한다. 이를 도표로 나타내면 그림 1과 같은 직선 라인이 된다. 그러나 직선 라인에서는 작업 중에 처음으로 돌아오는 동선에 낭비가 생겨 그림 2와 같은 루프형의 U자 라인을 채택하게 되었다.

U자 라인의 특징은 라인의 입구와 출구가 같은 위치에 있다는 것이다. 그 결과, 제품이 하나 나오면 다음 재료가 투입되어 라인 내의 재공품의 수는 항상 일정하게 유지된다.

이뿐만 아니라 U자 라인을 채택하여 얻을 수 있는 진정한 이점은 다수의 U자 라인을 조합하여 제품의 생산량에 맞게 작업자를 융통성 있게 투입할 수 있어 소인화가 가능하다는 것이다.

예를 들면, 그림 3과 같이 A에서 F까지 6가지의 U자 라인을 조합했다고 하자. ○○년 10월의 이 연결라인의 택트타임은 1.2분이었다. 이 택트타임 내에 그림 3과 같이 6명의 작업자가 투입되었다. 그러나 11월이 되어 동제품의 월별 수요가 떨어져 택트타임은 1.4분으로 증가했다. 그래서 대기가 발생하지 않도록 연결라인을 재편성하여 작업자의 작업을 배분했다.

그 결과, 그림 4와 같이 각 작업자는 지난달보다 조금 더 추가적인 작업을 맡게 되었지만 결국 5명으로 대응할 수 있게 되었다.

요점정리
- 라인의 입구와 출구를 같은 위치로 한다.
- 다수의 U자 라인을 조합하여 융통성 있는 작업자 투입이 가능

직선 라인(그림 1)

| ✕ | 선반 | 드릴 | 절단 | 용접 | 연마 | ✕ |

전공정에서 → 가공물 →→→→→ 가공물 후공정

← 복귀

U자 라인(그림 2)

| ✕ | 선반 | 드릴 |
전공정에서 → 가공물

후공정으로 ←

절단

| ✕ | 연마 | 용접 |

○○년 10월의 작업분배(그림 3)

```
      3  4  5 | 6    1
  D   2  ↻    | 2    2   C
      1        | 6    3

  7        1 |  1 2 3   4 | 6  7      1 | 1  2  3  4
6  ↻        |      ↻    4 |    ↻      2 |      ↻      5
5        1 | 8  7  6  5 | 5          2 | 8  7  6
4  3  2     |            |  4      3 |
  F          E          B          A
```

○○년 11월의 작업분배(그림 4)

```
      3  4  5 | 6    1
  D   2        | 2    2   C
      1        | 6 4  3

  7        1 |  1 2 3   4 | 6  7      1 | 1  2  3  4
6          |           4 |           2 |            5
5          1 | 8  7  6  5 | 5          2 | 8  7  6
4  3  2     |            |  4      3 |
  F          E          B          A
```

그 외의 라인
— 기계가동률·효율을 중시한 기종별 레이아웃

공정순 배치로 과잉생산의 낭비를 없앤 U자 라인을 살펴보았다. 이번에는 그 이외의 배치 중 하나로 '기종별 배치'에 대해 알아보자. 기종별 배치는 선반조, 밀링조, 드릴조 등 단일 공정으로 나누어 동종의 기계를 집합 배치하는 방법이다.

장점은 작업자의 숙련이 쉽고 혼자서 3~4대 이상의 기계를 담당하는 다설비 담당이 가능하기 때문에 기계설비의 효율 향상과 함께 작업자 1인당 생산량이 상승한다. 이 경우 기계배치 타입은 그림 1과 같이 ㄷ자형, 삼각형, 사각형, 마름모형 등이 있다.

그러나 기종별 배치는 가공품을 과잉생산하는 경향이 있다. 즉, 선반조, 밀링조, 드릴조의 각각의 공정에서 가공이 끝난 가공품이 다음 공정의 사이에서 정체하게 되어 운반도 증가하고, 결과적으로 완성품이 되기까지의 리드타임이 길어지게 되어 효율이 떨어진다는 결점이 있다. 가장 경계해야 할 과잉생산의 낭비가 발생하게 되는 것이다.

그래서 공정순 배치를 고려할 수 있는데, 이 방법에는 그림 2, 그림 3과 같이 '반흐름식'과 '흐름식'이 있다. 두 방법 모두 작업자는 움직이지 않고 가공물을 움직이려는 사고방식이다. 품종별로 생산된 반흐름식은, 기계와 단순기능공인 작업자는 고정하고 전공정에서 가공을 끝낸 작업이 다음 공정으로 인계되어 차례로 부가가치가 부여된다.

흐름식은, 가공물을 롤러 컨베이어나 슈트(chute)를 이용하여 다음 공정으로 인계한다. 이 방법 역시 작업자와 기계는 고정되어 있다. 이 방식은, 작업자는 움직이지 않고 최소의 동작으로 작업을 하는 것이 최적이라는 생각에 기초하고 있다. 그러나 기계의 머신 사이클이 각각 다르기 때문에 전체의 균형을 잡기 어렵다는 결점이 있었다. 그리고 마지막으로 라인 전체의 동기(同期)효율을 고려하여 현재와 같은 U자 라인으로 자리잡게 되었다.

요점정리
- 동종 기계를 집합배치한다.
- 최소의 동작으로 일을 한다.

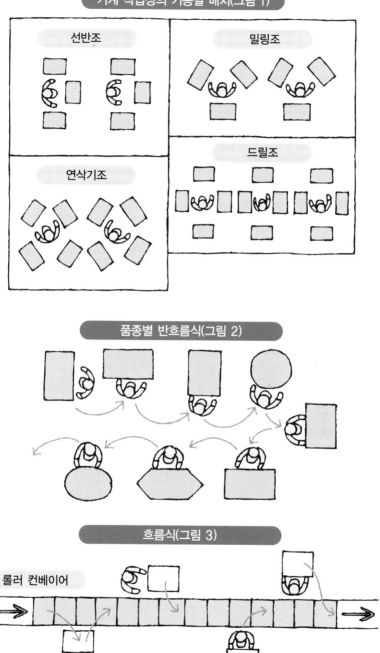

기계 작업장의 기종별 배치(그림 1)

선반조

밀링조

연삭기조

드릴조

품종별 반흐름식(그림 2)

흐름식(그림 3)

롤러 컨베이어

47 개선은 실패 전에
— 수평전개로 실패 전 개선

제조에서 최대의 실패는 불량품을 만드는 일이다. 불량품을 만들면 비용이 상승된다는 것은 누구나 이해하고 있는 사실이지만, 얼마나 심각하게 생각하고 있을까.

실수로 불량품을 만들었을 때의 비용적인 낭비는 해당 가공물의 재료비, 가공 비용, 설비비, 에너지 비용, 공장 간접경비, 관리비와 같은 원가의 낭비가 바로 머릿속에 떠오르겠지만 이것뿐만이 아니다. 제품의 전수 선별, 불량품의 수정, 수리, 재검토, 해체, 운반, 관리, 부적합의 원인 조사, 잠정대책, 항구대책, 대책효과의 확인, 관련 자료의 정리, 유사제품에 대한 대책의 수평 전개, 판매 경로 및 관련 부분과의 연결 등 제반 비용이 들게 되어 손실비용은 놀랄 만큼 증가하게 된다.

하물며 급하게 불량품을 수정해야 할 경우에는, 현재 제조기계에 걸려 있는 가공물을 일단 제쳐놓고 수정품을 세팅하는 상황이 되기 때문에, 본래 제조해야 할 가공물의 제작을 할 수 없는 등 기회 손실을 초래한다. 무엇보다 공정이 혼란스러워지고 공장 전체의 생산계획에 큰 차질이 생겨 그 손실도 막대하다. 지금까지 실천해 온 많은 세세한 개선 노력들이 한꺼번에 물거품이 되어버릴지도 모른다.

이와 같은 실패는 생산 구조의 어딘가에 문제가 되는 부분이 있기 때문이다. 우선 그 부분을 본래의 상태로 되돌리는 조치를 취한다. 그러나 이것은 개선이라고는 할 수 없다.

중요한 것은 그 다음에 이어지는 개선활동이다. 문제 발생 시 개선을 위한 절호의 기회로 삼아 현재의 방법이 좋을지 아니면 더 효과적인 좋은 방법은 없는지 등 4M(44항 참조)을 중심으로, 공정에서의 효율적인 품질의 완성, 설비장치의 포카요케, 자동화의 적절성에 대해 세부적으로 조치를 취한다. 이를 통해 얻어진 개선대책을 수평전개하여 실패 이전의 개선이 가능하게 된다.

요점정리
- 불량품은 최대의 실패
- 시정조치에 따른 개선활동이 중요

낭비의 종류	내 용
원가의 낭비	재료비, 노무비, 경비 등의 모든 원가가 낭비된다.
클레임 대응에 소비하는 낭비	불량의 원인 규명, 대책안의 검토, 시정조치에 관한 제반 비용 등이 발생한다.
공정 혼란의 낭비	불량품의 반환수정이 필요한 경우에는 준비 교체가 발생하고 본래의 생산 업무가 정체되므로 생산계획에 지장이 생긴다.

실수로 실패하기 이전의 개선

작업자의 5감에 호소하는 포카요케	기계적 장치에 의한 포카요케
• 색깔 표시, 식별 마크를 붙인다. • 유사 부품이나 재료의 적치장소를 공간적으로 분리한다. • 치공구의 형태를 바꾸어 촉감으로도 식별할 수 있도록 한다. • 주의사항은 큰 글자로 간결하고 명료하게 표시한다. • 알람을 울린다.	Ⓐ 전공정 작업이 제대로 완료되어 있지 않은 가공물에는 치공구가 적용되지 않는다. Ⓑ 가공물이 기계의 정위치에 제대로 세팅되었음을 센서가 감지하여 가공을 개시하는 장치 Ⓒ 치수정밀도가 나오지 않는 가공물을 벨트컨베이어로 보내는 과정 중에 선별 기구를 설치하여 불량품을 제거한다.

기계적인 장치에 의한 실패 방지의 예

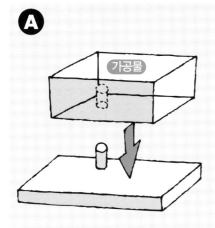

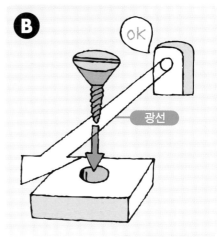

48 개선의 정착
— 개선 사이클을 돌린다.

이익을 창출하는 원천은 생산현장의 낭비를 제거하는 것이며, 현장의 낭비나 손실은 철저히, 계속적으로 제거할 필요가 있다. 이를 위해서는 작업의 표준화 → 이상 발견 → 원인의 철저한 규명 → 개선책 마련 → 실시 → 표준작업의 재검토라는 사이클을 돌려 이를 정착시킨다.

우선 그 첫걸음은 작업의 표준화다. 낭비 제거를 위한 전제인 생산의 평준화, 즉 제품의 종류와 양을 평균화하여 부품, 제품별로 1개당 어느 정도의 시간 내에 만드는가 하는 택트타임을 산출하여 표준작업을 설정한다.

현장의 표준화는, 작업순서에 따라 작업자의 움직임, 스토어에서의 재료 부품의 적치방법과 수량의 명시, 업무량의 제시, 안전 환경의 준수기준 등 각각 지켜야 할 규칙을 정해서 그대로 실행하는 것이다

현장관리는 정해진 규칙에서 벗어나는 것을 이상(異常)으로 여겨 철저히 문제를 해결한다.

그리고 개선은 표준작업을 축으로 하여 진행하는데 사이클을 돌리는 순서는 다음과 같다.

① 현상분석-실제 시간의 측정과 작업관찰 등을 통해 분석·파악한다.
② 문제점 추출-택트타임을 기준으로 하고, 균형, 산포를 기초로 문제점을 표면화시킨다.
③ 진짜 원인 추구- '왜'를 5번 반복하여 원인을 찾는다(5 WHY 기법).
④ 개선안의 마련과 실시-진짜 원인을 알면 대책은 비교적 용이하다. 개선안을 현장에서 실천한다.
⑤ 표준작업의 재검토-개선안을 검증하고 효과가 확인되면 그것을 새로운 표준작업으로 설정한다.

여기서 중요한 것은 이상을 이상으로 파악하는 감각을 기르는 것이다. 낭비를 제거하기 위해 중요한 단서를 놓치지 않도록 노력할 필요가 있다.

요점정리
• 개선의 첫걸음은 표준화
• 이상을 파악하는 감성을 기른다.

개선의 사이클

```
        개선의 사이클

      ┌──────────────────┐
  ┌──▶│  작업의 표준화(재검토)  │──┐
  │   └──────────────────┘  │
  │                         ▼
┌────┐                  ┌──────────┐
│실천 │                  │ 이상 발견  │
└────┘                  └──────────┘
  ▲                         │
  │                         ▼
┌──────────┐        ┌──────────────┐
│ 개선안 마련  │◀──────│ 원인의 철저한 규명 │
└──────────┘        └──────────────┘
```

7대 낭비와 개선방안

낭비의 내용 / 개선방안

낭비의 내용	개선방안
과잉생산 일을 너무 빨리(본래는 대기)하여 재고량 증가	표준재공품 표시 / 한 개 흘리기, AB제어 / 다공정담당, 소(少)인화 / 인변의 자동화
대기 일을 하고 싶어도 할 수 없는 대기(자동기계의 감시인·결품)	한 개 흘리기로 대기 발견 / 평준화 생산 / U자 라인(다공정담당) / 1인 완성생산
운반 거리의 길이, 일시적인 적치, 이동적재의 낭비	레이아웃 개선 / 활성화지수 개선 / 1인 완성생산
가공 공이송, 가공물이나 치구를 손으로 잡고 하는 가공 등	치구 개선, 인변의 자동화 / 설계 재검토, 가공 감소 / VE, VRP, GT
재고 일에 필요한 최소의 물건 이외의 재고, 표시가 없는 재고	계획·지시의 적정화 / 저스트 인 타임 생산 / 싱글 준비 교체
동작 가공에 직접 기여하지 않는 동작(보행, 이물질 제거, 돌아보기, 조정 등)	동작경제의 원칙 / 표준작업 / 병행작업 스위치, 동시 기동
불량 불량으로 인한 재생산, 수정, 선별, 전수검사	품질보증체제 / 공정에서 품질 완성 / 포카요케

동작의 낭비 발견의 착안점

낭비는 어떠한 부가가치도 창출하지 않는다. 이 발견과 제거는 어느 정도의 경험이 필요하다. 누가 보더라도 문제를 파악할 수 있는 현장, 5S와 시각화도 중요하다.

'하나의 움직임에 집중하여 상세하게 관찰하는 것'이 포인트다.

물건의 움직임

상하, 좌우
반전
방향 전환
넣고 빼기 등

눈의 움직임

찾는다
고른다
확인한다
잘 안 보인다
엿본다
신경 쓴다
조바심 낸다 등

다리의 움직임

의미 없는 보행
반보 돌아오기
반보 발 들여놓기
멈춰서기 등

손의 움직임

상하, 좌우
한 손의 대기
유지
바꿔들기
반복
잡기 어려움
하기 어려움
놓침

몸의 움직임

돌아보기
숙이기
발돋움
큰 동작
중량물의 운반
당기기
불안전 행동 등

제 **6** 장

인변의 자동화(自働化)

인변의 자동화란
— 낭비와 이상의 현재화(顯在化)

도요타의 창업자인 도요다 사키치(豊田佐吉)가 발명한 자동직기(自働織機)에 들어 있는 발상이 인변의 자동화(自働化)다. 실이 끊어지거나 떨어질 경우, 바로 기계가 멈춰 불량천의 생산을 막는 구조에서 힌트를 얻었다고 한다.

도요타에서는 모든 기계에 인간의 지혜, 즉 '인(亻)변이 붙은 자동화(自働化)'를 적용하여 어떤 이상이 생기면 바로 기계가 멈춘다. 이 방식을 생산라인에 확대하여 이상이 있으면 작업자 자신의 판단으로 기계를 멈추고, 원인이 무엇인가를 철저하게 조사한다. 기계를 멈추고, 라인을 정지시켜 문제를 현재화(顯在化)하여 계속적으로 개선을 한다.

반대로 흔히 일반적으로 알고 있는 자동화(自動化)는 이상이 생겨도 사람이 멈추지 않는 한 계속 움직여 금형이나 기계를 고장 내거나 많은 불량품을 발생시키기 때문에 감시자가 항상 대기하고 있다. 이렇게 된다면 자동화의 의미가 무색해진다.

기계에 어떤 이상이 생길 때 곧바로 멈춘다는 생각은 매우 중요하다. 기계가 정상적으로 움직이고 있을 때는 옆에 사람이 항상 대기해 있을 필요가 없으며, 어떠한 이상이 생겨 멈추었을 경우에만 사람이 그 기계를 살펴보면 된다. 그리하여 한 명이 여러 대의 기계를 담당할 수 있게 된다. 중요한 것은 이상이 생겼을 때 기계가 자동적으로 멈추므로 무엇이 문제인가를 명확히 체크하는 것이다. 이를 통해 개선이 이루어진다. 만일 멈추지 않은 채, 그대로 기계가 작동된다면 기계에 내재되어 있는 문제를 발견할 수가 없다.

자동화의 전제는 안전 확보다. 재해 상황이 절대로 일어나지 않는 구조를 만들고, 이상이 생기면 안전장치가 작동하여 전체가 정지된다.

가공 부문에서 기계의 인변의 자동화에 대한 사고방식을 조립 부분과 라인 내에 응용한 것을 또 하나의 인변의 자동화라고 하며, 불량이 나오지 않는 구조와 과잉생산이 없는 구조를 실현하고 있다.

요점 정리
- 이상이 생기면 기계가 자동적으로 멈춘다.
- 인변의 자동화는 내재되어 있는 문제를 드러나게 한다.

인변의 자동화란, 작업 설비의 이상을 스스로 체크하여 이상이 있으면 최우선적으로 자동정지하는 사람, 설비, 라인을 말한다.

목적은,

　① 소인화에 따른 원가 절감
　② 다양화대응
　③ 인간성 존중 등이고,

이를 위해서는

　① 라인과 공정에 흐름을 만든다.
　② 라인과 공정의 출구는 다음 라인과 공정의 입구로 한다.
　③ 이상 시에는 라인과 공정을 멈춘다.

인변의 자동화의 대책 · 방법

기본 원칙	목 적	대 책	방 법	도구 · 수단
1. 품질은 공정에서 완성한다. 100% 양품 만들기	양품만을 만든다.	이상이 생기면 멈춘다.	라인 내에서 자동체크장치로 멈춘다. 이상 시 사람이 멈추게 한다. (또 하나의 인변의 자동화)	자동정지장치 정지버튼 정위치 정지 생산관리판 다공정담당 포카요케
		이상을 구분한다.	이상을 램프, 소리 등으로 표시한다(눈으로 보는 관리).	
2. 생인(省人) 공수절감	감시인을 없앤다.	사람의 일과 기계의 일을 분리한다.	기계가 일을 하고 있는 동안, 사람은 다음 공정에 가서 다른 작업을 한다.	

자동기(自働機-少人化)

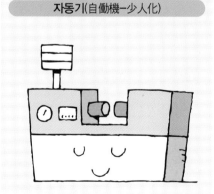

자동기(自動機-省力化)

50 작업자의 일과 기계의 일을 분리

— 기계의 감시인을 없앤다.

도요타생산방식에서는 적극적으로 기계에서 사람을 분리해왔다.

자동기계의 경우, 가공이 시작되면 나머지는 기계가 자동으로 알아서 가공해준다. 근처에 있는 작업자는 단지 기계가 가공하는 것을 지켜보고 있다.

종래의 작업은 이렇게 단순히 기계작업을 지켜보는 동작마저 작업으로 생각해 왔다. 감시작업은 부가가치를 창출하지 않는 낭비시간이기 때문에 기계에서 분리하는 구조가 필요하게 되었다. 그림 1은 작업자 일과 기계 일의 조합을 재검토하는 내용이다.

그림 2는 드릴 작업에서 기계가공 중에 작업자의 분리를 시도한 예이다. 그림 2에서는 드릴에서 가공작업을 할 때, 가공 중에는 작업자가 항상 핸들을 조작하고 있다. 핸들은 드릴을 아래로 눌러내리는 일을 하고 있는데, 이를 그림 2의 아래와 같이 핸들에 웨이트를 설치하여 그 무게로 핸들이 아래로 내려가게 하면 가공 중에 작업자는 불필요하게 된다. 그동안 손이 비는 작업자는 다른 일을 함으로써, 사람의 일과 기계의 일이 분리되게 된다.

이 경우, 웨이트로 인해 핸들이 지나치게 돌아가 가공물의 구멍이 지나치게 깊어지지 않도록 일정의 위치에 정지장치를 설치해야 한다. 이것이 인변의 자동화다.

최초로 이 생각을 실현한 것은 선반의 과잉절삭을 막기 위해, 바이트가 진행해 오면 절삭이 끝나기 직전에 정지스위치를 누르도록 스토퍼를 부착한 간단한 구조였다.

간단해져서 좋고, 기계와 작업자를 분리하는 데 필요한 구조로서 그 이후의 다설비 담당, 다공정 담당으로 발전해갔다. 또한 다공정 담당의 경우, 라인에 복수의 작업자가 들어가면 작업자의 수준에 맞게 서로 도울 수 있다. 릴레이의 바톤터치와 마찬가지다.

요점정리
- 감시작업은 부가가치를 창출하지 않는다.
- 다설비 담당, 다공정 담당으로 발전하게 된다.

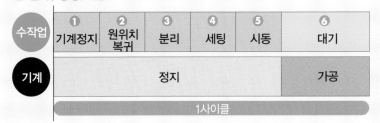

사람 일과 기계 일의 조합 검토(그림 1)

1인1설비(1공정/1인)

수작업	❶ 기계정지	❷ 원위치 복귀	❸ 분리	❹ 세팅	❺ 시동	❻ 대기
기계	정지					가공

1사이클

원위치 복귀(3공정/1인)

사람 일과 기계 일의 분리(그림 2)

개선 전 1인1설비(사람의 손으로 하는 가공이송)

사람의 일	1사이클					
	기계 정지	원위치 복귀	가공물 분리	재료 세팅	가동	가공 중 유지 감시
기계의 일	정자				가공	

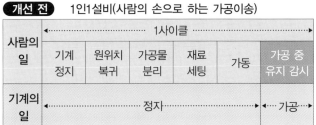

개선 후 다공정 담당(웨이트 부착에 의한 자동이송)

사람의 일	1사이클					
	기계 정지	원위치 복귀	가공물 분리	재료 세팅	가동	다른 기계로 이동
기계의 일	정자				가공	

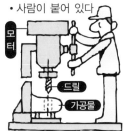
• 사람이 붙어 있다

• 사람이 붙어있지 않다

출처 : 「공장관리」 vol.37, No.6, P.71, 일간공업신문사

51 AB제어로 과잉생산 방지
— 성능 차이가 나는 설비간의 재고 제어

고성능의 기계는 최대한 많이 생산하여 재고를 만들어두고 오랜 시간 쉬는 방법을 채택하는 경우가 많다. 그 결과, 과잉생산의 낭비가 발생하여, 이에 따라 많은 부수적인 낭비들이 연쇄 반응적으로 발생한다.

예를 들면 전공정과의 접점이 A점이고 후공정의 접점을 B점이라고 하자.

① 현재, A점에 가공물이 있고, B점에도 가공물이 있을 경우에는, 자공정의 기계는 작동하지 않는다. 만일 작동했다면 다음 공정(B점)의 가공물이 2개로 늘어나게 된다.

② A점에 가공물이 있고 B점에 가공물이 없는 상태를 생각하면, 이것은 다음 공정에서 가공물을 필요로 하고 있기 때문에 자공정은 작동하여 다음 공정에 가공물을 보낸다.

③ A점에 가공물이 없고 B점에는 가공물이 있다면 어떻게 될까. 다음 공정에 보내졌다면 ①과 마찬가지로 다음 공정의 가공물이 2개로 늘어나게 된다. 그리고 동시에 전공정의 가공물이 없기 때문에 자공정의 가공물도 없어지게 되어 다음 택트에서는 대기상태가 지속된다.

④ A점에도 B점에도 가공물이 없는 상태에서 후공정은 ③에서 부적절했던 조건은 해결되었으나 전공전에 가공물이 없기 때문에 표준재공품이 없어지게 되어 대기상태가 발생한다.

이와 같은 방식에 기초하여 가공물을 보낼 것인가 보내지 않을 것인가를 정하는 것을 'AB제어'라고 한다. 공정 간에서도 마찬가지다. 공정 내에는 표준재공품을 가져야 하는데, 가공물의 반출 여부는 AB제어를 응용할 수 있다.

또한 작업 종료 시에 수를 맞추기 위해서 모두 내보내버리면 다음날 아침, 작업을 개시해도 양품이 나오기까지 그 공정수만큼 대기하게 된다. 이때도 공정의 입구와 출구를 A점, B점으로 삼아 AB제어의 구조를 도입하면 된다.

요점정리
- 과잉생산의 낭비를 제거
- 등량화(等量化), 동기화, 한 개 흘리기를 목표로 한다.

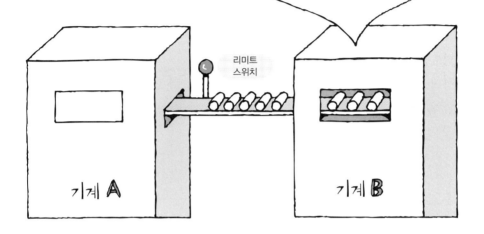

등량화, 동기화, 한 개 흘리기

● 가공의 과잉진행을 방지
● 표준재공품을 유지
　가공물이 7개가 쌓이면 기계 A는 정지

리미트
스위치

기계 **A**

기계 **B**

가공물을 보내는 조건

A점　　　　　B점

→ 라인 →

	1	2	3	4
A점	유	유	무	무
B점	유	무	유	무

▲
이 경우 라인을 움직인다.

조건1 : A, B점에 가공물이 있을 경우
　　　　컨베이어를 움직이면 B점에 가공물이 쌓인다.

조건2 : A점에 가공물이 있고, B점에 가공물이 없을 경우
　　　　이 조건에서만 컨베이어를 움직인다.

조건3 : A점에 가공물이 없고, B점에 가공물이 있을 경우
　　　　컨베이어를 움직이면 가공물에 공백이 생기고 B점에
　　　　가공물이 쌓인다.

조건4 : A점에 가공물이 없고, B점에도 가공물이 없는 경우
　　　　컨베이어를 움직이면 가공물에 공백이 생긴다.

정위치 정지로 원인 추구
— 컨베이어 라인의 자동화(自働化)

조립라인은 벨트 컨베이어로 움직이고 있다. 각각의 작업자는 택트타임 내에 소정의 작업을 해야 한다. 만일 라인에 어떠한 이상이 발생하면 그 자리에서 라인이 멈추는 것이 아니라 정위치까지 진행하고 나서 라인이 멈춘다. 이것이 정위치 정지다(그림 1). 단, 안전에 관한 이상이 발생한 경우에는 즉시 정지한다.

정위치에서 멈추는 것은 이상 시뿐만 아니라 점심시간에도 마찬가지다. 작업도중에 점심시간이 되어 라인이 멈추어버리면 오후의 작업은 도중부터 시작하게 된다. 만일 나사를 조이는 도중이라고 하면 오후는 어디까지 했는지를 확인해야 작업을 개시할 수 있다. 이렇게 되면 실수가 생기기 쉽고, 출발 시의 리듬도 깨어진다.

그림 2는 조립라인의 정위치 정지의 예다. 컨베이어는 왼쪽에서 오른쪽으로 흐르고 작업자는 표준작업표에 기초하여 작업을 하고 있을 때, 도중에 문제가 발생했다.

작업자는 우선 호출버튼을 눌러 감독자에게 이상을 알린다. 호출버튼의 설치장소는 1인 정위치의 작업범위 시작점에서 3분의 2 정도 되는 곳이다. 호출버튼을 누르면 안돈은 황색점멸을 하며 이 상태에서 라인은 아직 움직이고 있다.

황색이 점멸하는 동안에 감독자가 달려와 버튼을 해제한다. 지연작업의 경우에는 그 작업을 지원하거나 대책을 마련하여 라인을 멈추지 않고 계속 가동시킬 수 있다.

만일 감독자가 와서도 해결을 못해 버튼을 해제하지 못한 경우는 정위치 정지선에서 안돈의 색이 적색으로 바뀌고 라인은 자동적으로 멈춘다.

정위치 정지 방식의 이점은 빈번하게 호출버튼을 눌러도 다른 작업자에게 영향을 미치지 않으며 또한 라인을 멈추지 않고 문제만을 표면화시키는 것이다. 이상의 원인을 찾아 개선하면 문제 발생도 감소하게 된다.

요점 정리
- 라인을 멈추지 않고 문제만을 드러낸다.
- 문제에 따른 정지의 영향을 최소한으로 한다.

정위치 정지 방식(그림 1)

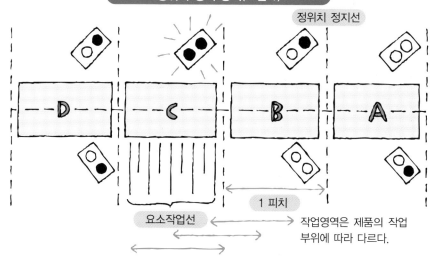

정위치 정지선

1 피치

요소작업선

작업영역은 제품의 작업
부위에 따라 다르다.

조립라인의 정위치 정지(그림 2)

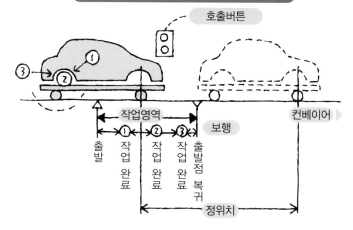

호출버튼

작업영역

보행

컨베이어

출발 / 작업완료 / 작업완료 / 작업완료 / 출발점복귀

정위치

정위치정지와 안돈의 관계(그림 3)

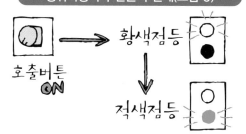

호출버튼
ON

황색점등

적색점등

라인은 가동되고 있
다. 정위치 정지선에
서 안돈은 황색에서
적색으로 바뀌고 라
인은 정지한다.

53 설비는 고장 나기 전에
— 사후보전보다 예방보전

　도요타생산방식에서 설비가 고장이 나거나 라인에 이상이 발생한 때에는 현장에서 판단하여 즉시 설비나 라인을 정지시킨다. 버저나 안돈으로 고장을 알리면 감독자가 달려온다. 현장 인원들의 힘으로는 수리가 어렵다고 생각되면 보전관계자를 부른다. 자신들이 설비를 개선해 가고 있기 때문에 설비구조나 특징을 잘 알고 있어 설비제조업체의 담당자를 부르지 않아도 대부분의 경우, 사내에서 대응할 수 있다.

　자신의 설비는 자신이 지킨다는 생각으로 설비청소 이외에 일상점검이나 급유, 체결확인 등의 보전기능을 익히고 실천한다. 설비 이상이나 고장의 복원, 수명 연장 등의 작은 개선을 하는 경우도 있다. 이것이 '자주보전(自主保全)'이다. 또한 보전담당자가 행하는 설비보전을 '전문보전'이라고 한다.

　설비를 가동시키고 싶을 때 바로 움직일 수 있는, 즉 '가동률(可動率) 100%'가 도요타의 설비 조건이다.

　설비가 고장 났을 때는 왜 고장이 났는지, 그 원인을 제대로 파악하고 두 번 다시 동일한 원인으로 설비가 정지하는 일이 없도록 철저히 조사해야 한다. 진정한 원인, 즉 진인(眞因)을 파악하여 대응한다. 이것이 진정한 의미의 수리다. 반복적인 수리와 매일 매일의 보전, 그리고 끊임없는 개선을 통해서 비로소 고장을 일으키지 않고 멈추지 않는 라인을 만들 수 있다.

　사후보전은 고장이 난 뒤에 고치므로 복원이 용이하지 않으며 고장에 따른 손실비용도 비교적 많이 발생한다.

　이에 비해 설비나 금형의 고장, 이상이 발생하지 않도록 하는 예방보전은 예방의학의 입장에서 실시하는 사전방지활동과 같은 것으로 다음 내용을 포함한다.

　① 성능 저하를 방지하는 일상점검
　② 성능 저하 측정을 위한 정기점검과 정기진단
　③ 성능 저하를 조기에 복원하기 위한 수리나 교환

요점정리
- 가동률(可動率)은 100%가 원칙
- 자신이 다루는 설비는 자신이 고친다.

보전	설비를 완전한 상태로 유지하는 것으로 이를 위해서 평소에 설비를 소중히 다루고 충분한 손질을 게을리 하지 않는다. 예방보전–이것이 원칙 사후보전–예방보전으로는 유지비가 드는 것, 당장 대응할 수 없는 것
수선	설비가 고장 났을 때 단순히 부품을 교환하거나, 응급처치를 하는 것으로 진인을 파악하지 못해 다시 고장이 발생한다.
수리	고장이 나거나 이상이 발생했을 때, 단순히 고치는 것뿐만 아니라 그 원인을 조사하여 진인을 파악하고 두 번 다시 동일한 문제가 일어나지 않도록 하는 것이다. 또한 수리는 가능한 사내에서 대응하는 체제를 구축해야 한다. 설비제조업체의 힘을 빌려야 할 경우에는 제조업체에게 즉각적인 대응체제를 구축하게 하는 것도 중요

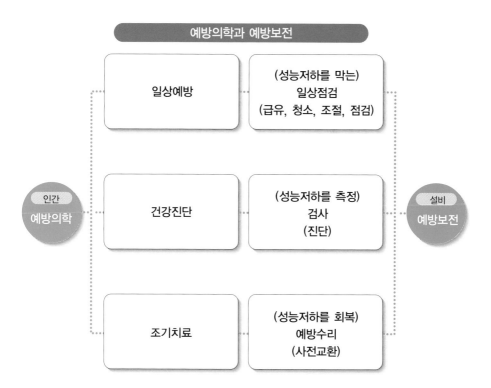

예방의학과 예방보전

인간 예방의학	일상예방	(성능저하를 막는) 일상점검 (급유, 청소, 조절, 점검)	설비 예방보전
	건강진단	(성능저하를 측정) 검사 (진단)	
	조기치료	(성능저하를 회복) 예방수리 (사전교환)	

54 순간정지는 끈기 있게 조치
— 완전생산을 향한 도전

설비의 순간정지란

설비의 순간정지에는, 일시적인 문제로 설비가 정지하는 경우와 공운전하는 상태가 있다.

설비가 정지하는 경우에는, 과부하로 인한 자동정지와 각종 센서가 작동하여 알게 되는 품질이상으로 인한 정지가 있다.

설비가 공운전한다는 것은 가공물이 흐르지 않은 채 설비가 가동되고 있는 상태를 말한다. 순간정지의 발생은 검출하는 것이 어렵고 일반적으로 발견이 늦다. 가공물의 공급이 불충분하여 각종 자동기기에서 다발하고 있다.

순간정지의 특징

① 발생건수와 시간을 정확하게 파악할 수 없다.

작업자가 여러 대의 기계, 또는 다공정을 담당하고 있는 경우, 일일이 순간정지상황을 기록하기 어렵다. 실제가동시간에서 생산량을 빼서 순간정지시간을 추정하는 방법이 있으나 횟수까지 알 수는 없다. 그래서 자동카운터를 설비에 설치하여 정지횟수를 카운트하는 방법도 있다.

② 처치가 간단하여 재발방지대책을 취하지 않는다.

순간정지가 발생하더라도 작업자가 조금 손을 보기만 하면 간단하게 단시간에 복귀할 수 있는 것이 대부분이어서 재발방지대책을 취하지 않는 경우가 많다.

③ 발생부위가 광범위하여 만성적으로 발생

발생부위는 한곳에 집중되거나 다른 부위에서 단발적으로 발생하는 경우가 있어 진짜 원인을 찾기 힘들다. 대책을 세워도, 다른 문제가 발생하는 경우가 많기 때문에 순간정지를 방지하기 위해서는 잠재결함을 빠트리지 않고 발생 가능성이 있는 부위를 빠짐없이 조사하여 대책을 세우는 것이 중요하다.

순간정지 개선의 진행방법

순간정지 개선은 다음 그림과 같은 단계로 끈기 있게 진행하는 것이 중요하다.

요점정리
• 순간정지는 인변의 자동화 추진의 적
• 순간정지는 매너리즘에 빠질 위험이 있다

순간정지는 인변의 자동화의 적

순간정지는
빙산의 일각

순간정지

쓰레기 오염 결점 먼지
부식 진동 흔들림 소리 열

순간정지의 매너리즘에 빠지는 원인

복귀시키는 것이 정상작업이라고 여기고 있다.

매너리즘화

문제를 인식하고 있다.

단시간에 일어나므로 문제가 아니다.

대책이 듣지 않는다.

포기한 채 있다.

순간정지의 특징

① 발생 건수와 시간을 정확히 파악하는 것이 어렵다.
② 처치가 간단하여 재발방지대책을 세우지 않는다.
③ 발생부위가 광범위하고 만성적으로 발생한다.

순간정지 개선의 진행방법

① 현장에서 현물의 현상을 자신의 눈으로 확인한다.
② 사소한 결함을 철저하게 개선한다.
③ 청소, 급유, 체결 확인의 기본조건을 준수
④ 준비, 교환, 조정의 준비교체작업을 올바르게 실시한다.
⑤ 설비의 부품, 유니트의 부착조건, 가공조건의 재검토와
　최적조건으로 설정한다.

토끼(로트 생산)와 거북이(평준화 생산)

도요타생산방식에서 과잉생산의 낭비는 '토끼와 거북이'의 우화에 비유될 수 있다.

토끼는 서둘러서 일하고 쉬는 데 반해 거북이는 쉬지 않고 꾸준히 일하여 성과를 거듭해 간다는 것이다.

과거에는 생산현장에서 고성능의 설비를 이용한 연속생산이 가장 효율적인 생산방식이라는 생각이 지배적이었다.

그러나 과잉생산의 낭비라는 손실의 크기를 생각했을 때 고객이 필요로 하는 수량을 확실히 생산하는 것이 요구되고 있다.

이 때문에 스피드보다는 쉬지 않고 전진해가는 거북이가 결과적으로 낭비가 적다는 것이다.

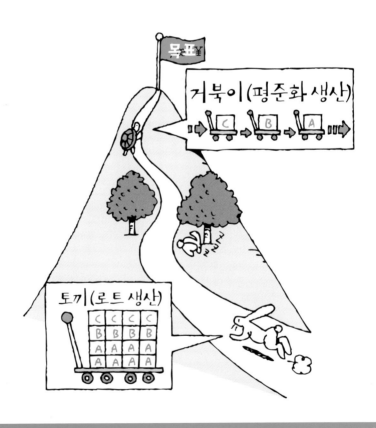

제 7 장

간반

도요타생산방식과 간반방식은 같은 방식으로 알려져 있으나, 전자는 물건의 제조방법·흐름방법, 그리고 후자는 생산정보의 전달방법이기 때문에 동일하지 않다.

간반방식은 슈퍼마켓에서 힌트를 얻어 고안해낸 방식으로, 고객이 필요로 하는 것을, 필요한 때, 필요한 만큼 구입하는 시장에 맞춘 저스트 인 타임 생산을 위한 정보전달수단의 체계다. 이는 팔린 만큼 만들어 필요이상의 재고를 가지지 않는 생산방식이라 할 수 있다.

일반 생산방식은 전공정이 후공정에 부품을 공급하지만, 간반방식은 후공정이 전공정으로 부품을 가지러 가는(인수) 방식으로 전혀 반대가 되는 발상이다. 시장에서 팔렸다는 정보는 최종 공정이 가장 잘 알기 때문에 팔린 만큼 만드는 방식을 순차적으로 전공정으로 발전시키면 인수방식이 가능해져 기본적으로는 생산계획이 없어도 생산 시기나 수량을 알 수 있다.

그러나 생산현장에는 저스트 인 타임 생산을 저해하는 요인이 수없이 존재하고 있으며, 현장은 시시각각 변화한다. 특히 불량이 발생하면 납기나 수량에 지장이 생겨 공장 전체의 생산을 저해하고 많은 손실을 초래할 우려가 있다. 또한 품질이 좋고 납기를 잘 지키더라도 저가의 상품이 요구된다. 변화하기 쉬운 현장에서 저스트 인 타임생산을 실현하기 위해서는 항상 현장을 관찰하고 낭비, 산포, 무리를 제거하는 합리성을 추구하기 위해 노력하는 것이 중요하다.

현장의 낭비, 산포, 무리를 쉽게 발견하기 위해서는 작업의 표준화가 반드시 필요하며, 표준작업의 준수상황을 눈으로 보고 관리할 수 있도록 하는 것이 중요하다.

특히 간반을 제대로 운용하려면 그 전제조건(57항 참조)을 충분히 정비할 필요가 있으며, 현장을 철저히 관찰하는 태도가 필요하다. 간반은 눈으로 보는 관리도구 중 가장 알기 쉬운 도구의 하나임을 충분히 인식할 필요가 있다.

요점정리
- 저스트 인 타임의 전제조건
- 재고 없는 생산정보의 시각화

보통, 공정 관리를 할 경우, 다음의 세 가지 전표가 주요한 기능을 담당하고 있다.

① 현품표-그 제품이 무엇인가를 표시하는 것
② 생산지시표-무엇을, 언제까지, 어느 정도의 양으로 만드는가를 지시하는 것
③ 이동표-어디에서 어디로 운반해야 하는가를 지시하는 것

이상과 같이 도요타생산방식에서 사용되고 있는 간반은 이와 같은 기능을 전적으로 수행하는 것으로, 결코 특별한 것은 아니다. 즉,

• 생산지시간반-현품표와 생산지시표
• 인수간반-현품표와 이동표의 역할을 하고 있다.
  단, 자동차의 생산이 반복생산이기 때문에
• 간반을 반복 사용한다
• 간반 매수를 한정하여 유동수를 한정하고 과잉생산의 낭비를 제거하여 최소한도의 재고로 규제한다는 점에 특징이 있다.

간반방식은 기본적으로 반복생산이라는 성격을 가진 공장에서만 운용되는 방식이다.

과잉생산의
낭비를
억제한다!

56 간반이란
— 저스트 인 타임 생산의 정보체계

생산지시정보는 예시정보와 확정정보로 나누어지며, 간반은 확정정보를 전달하는 역할을 함과 동시에 현품표로서 현품의 직접정보를 제공한다.

간반은 크게 나누면 다음의 2종류가 있다.

① **인수간반** : 후공정이 전공정에서 인수한 부품의 종류와 양을 표시하는 것
  • 외주품의 간반도 마찬가지인데, 납품지시 역할을 한다.

② **생산지시간반** : 전공정이 생산해야 할 부품의 종류와 수량을 지정하는 것
  • 생산간반이라고도 한다.

간반에는 품번, 품명, 용기, 수납 수, 간반정리번호, 사용차량기종, 전공정명(기호), 후공정명(기호) 등이 기재되어 있다. 외주품의 경우는 전·후공정 대신에 납품회사명, 납품회사의 스토어, 선반번호와 적치장소, 납품 사이클, 인수공장, 인수장소 등이 기재되어 있다. 납품 사이클은 '1-4-2'와 같이 3개의 숫자로 표시하며, 이에 따르면 1일 4회의 납품으로 간반수령 2회 후에 납품하는 부품임을 알려준다. 따라서 간반을 보면 언제, 몇 개 생산하면 좋을지를 알 수 있기 때문에 생산지시표·현품표·이동표의 역할을 하고 있다.

일반적으로 간반은 비닐 봉투에 들어있는 A4의 1/3 정도 크기의 카드이나, 그 이외에도 로트생산품의 생산지시를 하는 '신호간반'과 재료수배용의 '장방형간반' 등이 있다.

신호간반은 예를 들어 적재된 완성부품 수납상자의 생산지시(지시점) 상자에 걸어, 후공정에서 그 신호간반이 걸려 있던 상자까지 인수가 진행되면 생산지시를 내리는 역할을 한다.

또한 특별한 경우에는 특급간반, 임시간반, 공용간반, 그리고 대차나 트럭이 간반으로 사용되는 경우도 있다. 말하자면 간반의 역할을 수행할 수 있으면 형태나 양식은 자유롭다는 것이다.

요점정리
• 간반의 역할은 생산·현품·운반지시서
• 다양한 간반의 종류와 사용법
• 역할이 중요, 형태나 양식은 자유롭게

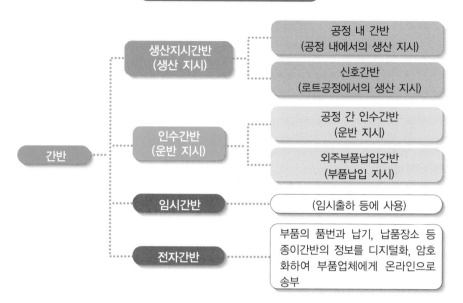

간반의 종류

	생산지시간반 (생산 지시)	공정 내 간반 (공정 내에서의 생산 지시)
		신호간반 (로트공정에서의 생산 지시)
간반	인수간반 (운반 지시)	공정 간 인수간반 (운반 지시)
		외주부품납입간반 (부품납입 지시)
	임시간반	(임시출하 등에 사용)
	전자간반	부품의 품번과 납기, 납품장소 등 종이간반의 정보를 디지털화, 암호화하여 부품업체에게 온라인으로 송부

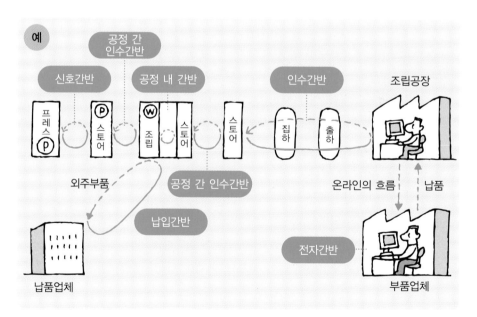

예

신호간반 공정 간 인수간반 공정 내 간반 인수간반 조립공장

프레스 (P) — 스토어 (P) — 조립 (W) — 스토어 — 스토어 — 집하 — 출하

외주부품 공정 간 인수간반 납입간반

온라인의 흐름 납품

납품업체 전자간반 부품업체

규칙은 지킬 수 있도록 정하고, 정한 규칙은 지키는 것이 중요하며, 지킬 수 없다면 결과적으로 도움이 되지 않을 뿐만 아니라 큰 문제를 일으킨다.

간반에는 3가지 전제조건을 갖출 필요가 있다. ① 생산의 평준화(종류와 생산량의 평준화), ② 공정의 레이아웃(안정화와 합리화), ③ 표준작업의 설정(작업순서와 택트타임)

간반운용규칙은 다음과 같다.

(1) **후공정이 인수한다.**—가장 특징적인 3가지 금지사항이 있다.

- 간반이 없으면 인수할 수 없다.
- 간반매수 이상으로 인수할 수 없다.
- 간반은 반드시 현품에 붙어 있어야 한다.

(2) **인수된 물건을 인수된 양만큼 생산한다.**—재고 최소화를 위해 중요

- 간반매수에 맞는 양만큼 생산할 것
- 간반이 온 순서대로 생산할 것

(3) **불량품을 보내서는 안 된다.**

- 불량품이 발생하면 완전히 제거해야 한다.

(4) **간반의 총매수는 최소한으로 해야 한다.**

간반매수의 최종 결정 권한은 각 공정의 감독자에게 있으며 개선하여 총매수를 줄일 수 있다.

(5) **생산의 미세조정에 사용할 수 있어야 한다.**

생산량의 증감 10% 정도의 산포라면 간반내용과 매수를 바꾸지 않고 대응할 수 있으며, 간반의 주기를 조금 빠르거나 느리게 하여 세부조정을 한다. 그러나 생산량이 눈에 띄게 크게 변화할 경우에는 공정 전체를 재검토하여 간반의 내용 변경과 총매수를 재조정하는 등의 대응조치를 취할 필요가 있다.

요점 정리
- 간반의 3가지 전제조건을 정비
- 간반의 규칙을 준수한다.

간반운용의 규칙

① 후공정이 인수한다.－3가지 금지사항
  • 간반이 없으면 인수할 수 없다.
  • 간반매수 이상으로 인수할 수 없다
  • 간반은 반드시 현품에 붙어 있어야 한다.
② 인수된 물건을 인수된 양만큼 생산한다.
  • 간반매수에 맞는 양만큼 생산할 것
  • 간반이 온 순서대로 생산할 것
③ 불량품을 보내서는 안 된다.
④ 간반의 총매수는 최소한으로 해야 한다.
⑤ 생산의 미세조정에 사용할 수 있어야 한다.

간반의 예

생산지시간반 (공정 내 간반)

약도	자공정		전공정
	도금		프레스
	품번	123456	
	품명	브래킷	
	수납수 5	파래트 A4	발행매수 1/7

인수간반 (공정 간)

어디에서 (전 공정)	적치장소	수납수	어디로 (전 공정)
		5	
	A6	발생매수	도금
프레스		1/7	
	품번	123456	납품장소
	품명	브래킷	A공장

인수간반 (외주부품납입)

납품시간	납품스토어의 선반 (적치장소)	인수공장

바코드

가공처	품번	등번호	품명상자 종류	수납 수	인수장소

58 e간반(전자간반)으로 진화
— 온라인 통신으로 납품지시정보를 납품업자에게 전달

간반은 비닐봉투에 들어있는 카드 형태에서 시작되어 오랜 세월 전후의 가공부서(혹은 회사) 간에 반복하여 사용하는 방식이 사용되어 왔다. 그러나 조립공장이 국내 원거리나 해외에 설치되면 납품부서가 간반을 인수하여 납입품에 첨부하는 종래의 방식으로는 시간적으로 맞지 않게 되었다. 그 대응책으로 탄생한 것이 'e-간반'이다.

e간반(e-Kanban)은 '전자간반'이라고도 하며 TOPPS(TOYOTA Parts Production System)로 운용되는 새로운 간반방식이다.

이 방식에 따른 간반정보는 조립공장에서 떼어낸 간반이 직접 납품업자에게 전달되는 것이 아니라 온라인 통신으로 간반정보만이 전송된다. 부품업체에서는 간반정보(납품지시정보)를 수신하여 자사 내에서 인쇄한 납품용 간반을 현품에 부착하여 조립공장으로 납품하는 방식이다. 원거리가 아니라도 온라인 통신정보에 대응할 수 있는 부품업체의 경우에는 통상간반에서 e간반방식으로 전환하고 있다.

또한 원거리 납품의 경우는 부품업체가 조립공장에 직접 납품하는 것이 아니라 가까운 '물류센터'에 납입하여 물류센터가 다른 부품과 함께 조립공장에 납품하는 물류센터 경유의 납품방식(크로스 도킹 방식 등)이 많아졌다.

물류센터를 경유하여 조립라인으로 납품하는 경우, 조립공장에서 떼어낸 간반정보(부품납품지시)는 물류센터로 발송되고, 물류센터가 납품 간반을 인쇄하여 해당 부품에 첨부되어 있는 통상간반과 바꾸어 넣고 부품을 조립공장에 납품한다. 바꾸어 넣은 통상간반은 물류센터의 간반포스트에서 부품공장이 인수하고, 인수된 간반 매수분을 현품에 첨부하여 물류센터에 납품하게 된다.

해외의 경우는 운반 리드타임이 길기 때문에 현지 조달로 전환하고 있다.

요점정리
- 납품정보의 리드타임 단축
- 간반의 분실과 파손 방지

e간반의 예

'복사본'과 '간반'과 '운송 티켓'으로 구성. 제조업체가 출고할 때, 사본을 떼고 현품에 간반과 운송 티켓을 붙여 납품한다.

간반 복사본
(출고처 복사본)

号口　　　　　　　発行日　03/10/18　08:05

日　北　道　　かんばん枚数　012枚 ……▶ **전체 간반 매수 표시**

処理日　03/10/18　　対象出荷部署
発送日　03/10/21　　QBA
出発日　07
ゲート　－　　－01
納入日　03/10/24　　処理担当者　印

통상간반

	所番地 **X 4-24-43**	搬入コード **2** 日北道受入 北海 **P9**
7163-0	品番 **90501-16116-00**	

岡田工業
岡田工業

番号 **201**　　品名 スフリンク カラーNO　10月24日02便 ……▶ **2차원 바코드**
収容数 **500**　　ユニット記号
参考情報

上郷集荷セ
EA2412
10月21日01
S0

0639
1-01063

出庫部署　棚番　　出庫時区　　出発時区　07
A-B04-05-1　　発送日　　　03/10/21
管理　　　　　　　出庫予定日　03/10/20
番号　　　　　　　ゲート　　　　－－　01
α148418881α47479　納入日　　　03/10/24

……▶ **출고세트 바코드**

세트로 첨부

운송 티켓
（납품서로서 간반과 세트로 되어 있다.）

便チケット

仕入先名称 **岡田工業** 御中	**日北道 北 道** 御中 受入 **P9**

| 納入番号 **C-6510** | 仕入先 **7183-01** | 支給先 **8481** | 機番 **A:** | 支給元 **0000** | 納入日 10月24日02便 | 上郷集荷セ EA2412 10月21日01 S0 |

納入番号
1-01063

管理項目 受入
　　　　 発行　担当者

α148418881α47479α148418881α47479

'간반방식＝도요타생산방식'이라는 오해

　도요타생산방식은 간반방식이라고 오해하는 경우가 있다.

　도요타생산방식의 기본이 되는 '저스트 인 타임'을 실현하기 위한 근간이 되는 것이 '간반방식'이다. 다시 말해, 도요타생산방식은 제조방식, 간반방식은 저스트 인 타임을 달성하기 위한 운용수단인 것이다.

　정보도 후공정에서 전공정으로, 부품도 후공정에서 전공정으로 인수하러 간다. 즉, 물건과 정보가 항상 동기(同期)화하는 것이다.

　바꾸어 말하면, 고객으로부터 받는 정보가 항상 기본이 되어 생산활동이 이루어지게 된다.

간반방식 채택 시 주의사항

① 공정이 안정되어 있을 것. 불량이 많거나 생산 리드타임의 불규칙성이 크면 안 된다.
② 유동량의 변동이 너무 크면 안 된다.
③ 반복 생산하는 것이어야 한다.
④ 정보를 전달하는 상대(간반의 수취자)에게도 이점이 있어야 한다.
　(일방적인 이점만으로는 실효성이 없다.)
⑤ 전제조건을 마음대로 변경하면 안 된다.
⑥ 간반은 떼어내는 즉시 필요장소로 보내야 한다(최소 1일 1회).
⑦ 대상품의 물류량도 고려하여 설정하여야 한다(소물, 소액부품을 1개 1장의 간반에 납품 지시하는 경우 등은 곤란).
⑧ 양적 변화가 큰 경우는 간반사용 제품이라도 사전정보를 확실히 내보내야 한다.

제 **8** 장

코스트다운 전략

라이프사이클 코스트(Life Cycle Cost : LCC)란 상품의 개발에서 소비, 폐기라는 상품의 일련의 활동에 드는 총비용을 말한다. 라이프사이클 코스트에 관한 사고방식을 그림 1에 나타내었다.

이 그림에서 가로축에 시간을 넣으면 일반적으로 개발−설계−생산준비−생산으로 진행됨에 따라 점차 비용이 많이 들며 판매 물류 단계가 끝나면 일단락된다. 그 후의 소비 단계는 거의 일정한 비용이 계속 생겨 마침내 비용 상승을 맞이하게 될 때가 갱신 시기가 되어 상품으로서의 일생을 마감한다. 이와 같은 제품의 일생에 걸리는 총비용은 비용곡선이 포함하는 면적이다.

라이프사이클 코스트 관리는 제품과 그 설비 이용기간의 원가 유지와 개선을 추진하기 위한 관리방법이다. 그 대상이 되는 비용은 총원가(제조원가＋일반관리비 · 판매비)뿐만 아니라 기업의 비용(유통 · 판매 · 공사 · 보전 · 서비스)과 소비자의 사용 · 보전 · 폐기 등의 비용으로, 또한 생활자나 사회가 부담하던 비용(폐기 · 환경보전 등의 비용)도 배려할 필요가 있으며, 이러한 코스트 관리가 경쟁에 살아남는 조건이다.

그림 2에 품질 · 코스트 · 납기 · 서비스와 라이프사이클 코스트의 관계를 나타내었다.

코스트다운 노력은 상품의 전 과정에서 이루어져야 하며(라이프사이클 코스트의 감소), 이산화탄소 삭감 등 환경을 배려한 생산활동과 원가절감은 이율배반적 관계에 있다. 자동차나 가전제품 등의 소비재, 설비 등의 생산재는 감량화와 재활용이 의무화되고 있다.

공장출하가격은 소비자가격의 35~40%에 이르고 소비자의 소비 · 보전비용은 그 몇 배에서 몇백 배나 된다. 물류 · 판매 · 소비 · 서비스 등의 업무에 관련된 사람들의 이해와 협력을 얻어서 종합적 원가절감(Total Cost Down)을 위해 노력해야 한다.

요점정리
- 라이프사이클 코스트는 상품의 개발에서 폐기까지의 일련의 활동에 드는 총비용
- 소비자에게 인도한 후의 사용비용도 절감

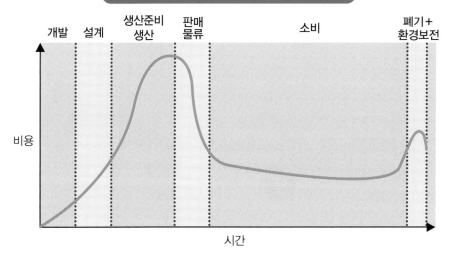

라이프사이클 코스트(그림 1)

개발　설계　생산준비 생산　판매 물류　소비　폐기+ 환경보전

비용

시간

Q · C · D와 라이프사이클 코스트(그림 2)

라이프 사이클 · 코스트

고품질
　사양 · 성능
　　기능
　　성능
　　신뢰성
　안전성
　　무공해
　　무해성

저비용
　낮은 제조원가
　낮은 공사비
　낮은 운전비
　낮은 보전비
　낮은 폐기비

납기 · 서비스
　납기
　애프터서비스

원가절감은 고객을 위해
— 생산비용을 낮추어 이익을 창출한다.

상품을 만들어 시장에 투입하는 단계는 경쟁이 적은 독점적인 상황이다. 초기에 구입하는 소비층은 이를 소유하는 것에 만족하고 자랑스러워하는 사람들이다. 이 경우에는 상품 구입에 가격 요인은 크지 않다. 그러나 많은 사람들이 구입할 수 있도록 하기 위해서는 적절한 가격이 설정되어야 한다.

제조원가를 내림으로써 판매가격도 내리고 그림 1과 같은 순환이 성립한다. 그 후, 경쟁업자가 참여하여 업자 간 가격경쟁도 치열해진다. 여기에서 원가절감이란 개개의 원가를 내리는 구체적인 개선을 말한다.

원가절감이라면 어떻게든 재료비를 싸게 해서 구입하거나, 외주단가를 인하하는 방향으로 가기 쉽다. 이는 수주 상대자의 이익을 줄이는 것이므로 바람직하다고 할 수 없다.

그림 2는 단순한 값 내리기와 개선에 따른 차이를 나타낸 것이다. 개선이란 제조원가의 낭비와 군살을 제거하여 그만큼 판매가를 내리는 것이다.

원가절감의 목적은, 고객이 요구하는 품질의 물건을 원하는 타이밍에 만족하는 가격으로 제공하는 것이다. 그리고 외주 기업에도 충분한 이익을 얻을 수 있도록 노력하는 것이다.

그림 3은 전원이 참가하여 노력할 때의 원가절감 방법과 담당 부문을 나타낸 것이다.

원가를 좌우하는 가장 큰 요인은, 제품사양의 결정과 그것을 저스트 인 타임에 얼마나 싸고 안정적으로 조달하는가에 달려 있다. 그 역할을 담당하는 곳이 개발 부문과 조달 부문이다.

또 한 가지는, 물건 만들기에 직접 관계하는 현장관계자들의 낭비 제거와 불량의 재발 방지를 위한 노력이다. 도면 단계나 계획 단계에서 목표원가를 달성할 수 있었다고 하더라도 양산 이행 시에 표준작업대로 가지 않으면 오히려 원가는 높아진다.

요점정리
- 원가의 조건-고객이 원하는 품질과 타이밍에 공급책임을 다하고, 비용 면에서 적절하다.
- 협력회사도 참여시켜 함께 목표를 달성한다.

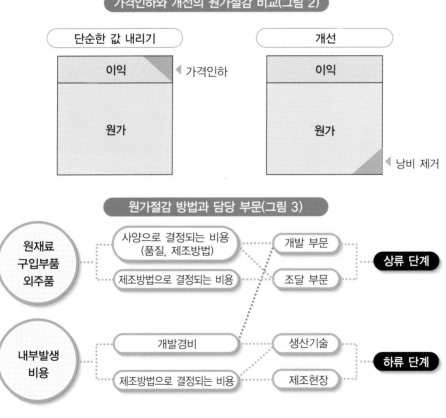

원가순환 사이클(그림1)

신제품

- 원가절감
- 보급
- 적정가격

가격인하와 개선의 원가절감 비교(그림 2)

단순한 값 내리기

| 이익 | ◀ 가격인하 |
| 원가 | |

개선

| 이익 |
| 원가 | ◀ 낭비 제거 |

원가절감 방법과 담당 부문(그림 3)

원재료
구입부품
외주품

- 사양으로 결정되는 비용 (품질, 제조방법) ···· 개발 부문
- 제조방법으로 결정되는 비용 ···· 조달 부문

상류 단계

내부발생
비용

- 개발경비 ···· 생산기술
- 제조방법으로 결정되는 비용 ···· 제조현장

하류 단계

61 코스트 1/2에 도전
— 원가 1/2도 판매에 맞춘 물건 만들기가 기본

코스트 1/2이란, 원가를 2분의 1, 즉 절반으로 하는 것이다.

본래 원가절감의 목적은, 고객이 원하는 품질의 제품을 적절한 가격으로 원하는 타이밍에 제공하며, 기업도 충분한 이익을 얻는 데에 있다.

원가 1/2을 달성하려면 보통의 노력으로는 어렵다고 할 수 있다. 물건 만드는 방법 그 자체를 처음부터 재검토할 필요가 있다. 누구라도 지금까지의 제조방법에 문제가 있다고 생각지 않고 익숙한 방법이 좋다고 생각한다.

이때 도요타생산방식을 실천하고 있는 기업을 벤치마킹하고, 나아가 기회손실(낭비)이 적은 이상적인 제조방법도 구상하며 추진한다.

코스트 1/2을 달성하기 위해서는 시장이 모든 것을 결정한다는 원칙을 이해하고 판매에 맞게 물건을 만드는 것이 기본이 된다. 필요 수를 무시하고 예상대로 만들고, 또한 많은 재고를 안고 납기에 맞추는 것은 낭비를 증가시키는 격이다.

게다가 노후한 설비라도 보전을 잘하여 가동률(可動率) 100%로 유지할 수 있다면 이익을 낼 수 있다.

환경 문제까지 고려하면, 만드는 단계에서만 낭비를 줄여서는 안 된다. 개발단계에서 제품 사용 후에 분해를 어떻게 용이하게 할 것인지, 재자원화와 소각 등 리사이클이 용이한지도 고려해야 한다.

코스트 1/2 활동을 하기 위해서는 처음부터 전체 공장을 대상으로 하는 것이 아니라, 라이프사이클이 짧은 물건은 삼가고 긴급을 요하는 물건, 또는 ABC분석에 따른 중점지향으로 모델라인, 모델제품을 정해 점차 목표를 좁혀간다. 또한 협력회사에게 떠맡겨서 달성하는 것이 아니라 함께 협력하여 고민하고 지혜를 모으는 것이 중요하다.

요점정리
- 물건 만드는 방법을 처음부터 재검토한다.
- 협력회사의 이익을 줄이는 것이 아니라, 함께 협력한다.

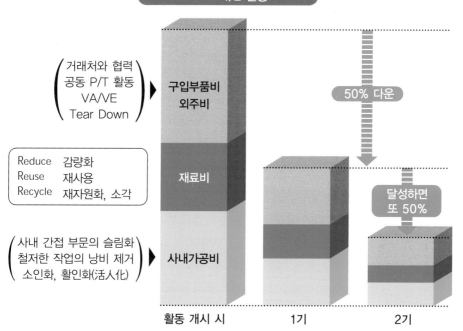

WARP(도요타의 글로벌 조달)

— 세계 최적의 조달을 목표로 하는 전자조달 네트워크

WARP는 World-wide Automotive Real-time Purchasing system의 약자로, 세계 최적 조달의 실현을 지향하며, IT화로 도요타그룹 전체의 조달 관련 업무를 일원화한 정보체계다.

종래, 독립 시스템으로 운용되던 생산의 상류에서 하류까지의 모든 조달 관련 업무에 관한 정보가 기밀 유지하에 일원화되어 업무의 효율화와 가격 등의 부품 정보를 공유할 수 있는 시스템이다.

이에 따라 세계적으로 자유경쟁시장이 전개되기 시작하였고, 이 외에도 새로운 원가기획, 기술정보(출도, 부품표), 시험제작의 준비, 납품정보(예시, 간반), 보급부품 등의 시스템이 일원화되는 셈이다.

이 시스템을 운용하기 위해서는 방대한 부품의 데이터베이스를 정비할 필요가 있고, 시스템의 재구축 비용은 추산에 따르면 2조 원을 넘는다고 한다. 이 부품의 데이터베이스에 의해 부품번호, 부품사양, 제조업체, 사용부서 등을 알 수 있다. 이 데이터베이스는 그룹 내의 모든 부서, 즉 설계(상류)에서 사후관리(하류)까지 어느 부서에서도 사용할 수 있으며, 모듈, 유닛(Unit) 및 단일 부품의 제조업체라도 이용할 수 있다.

WARP의 목표는 글로벌 조달 업무의 일원화로 인한 세계 최적 조달에 있으며, 계열회사를 초월한 조달의 진전과 함께 세계 최적 납품까지 요구되고 있다. 간반방식의 소(少)로트, 다(多)빈도 납품에 추가하여 세계 각지로의 장거리 운송과 현지 생산거점 마련 등 자동차 생산의 새로운 과제에 대한 대응이 전망되고 있다.

일본의 자동차업계에서는 이미 JNX라고 불리는 자동차업계의 표준네트워크가 구축 전개되고 있기 때문에, WARP는 이에 따르는 정보체계로 되어 있다. 때문에 실제의 네트워크 구축은 보안시스템을 통하여 3가지 경로에서 접속이 가능하게 되었다.

요점정리
- 세계적인 자유경쟁시장의 전개
- 계열회사를 초월한 조달의 진전

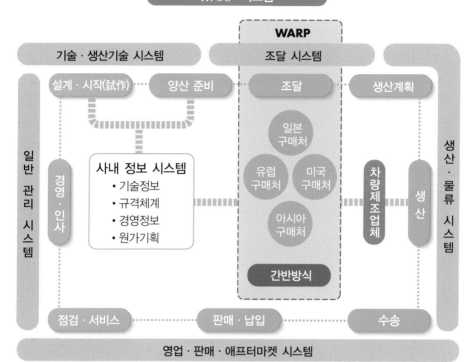

출처 : 도요타자동차 「WARP설명회」 자료를 근거로 작성.

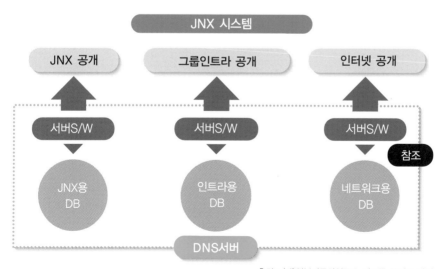

출처 : (재)일본자동차연구소 자료를 근거로 작성.

63 간접 부문의 원가절감과 생산성 향상
— 화이트칼라의 생산성은?

원가절감이나 생산성 향상의 대상이 되는 것은 언제나 직접 부문이다. 비대해진 간접 부문을 그대로 두고, 직접 부문의 생산성 향상이나 중국에서의 저가 조달이 가능해졌다고 하더라도 전체적으로는 향상된 것이 아니다.

간접 부문의 개혁은 많은 기업에서 손을 못 대고 있거나 엉거주춤한 상태에 있다. 지금까지 대상 외였다 하더라도 철저하게 개선하여 적은 인원구성을 지향해야 한다.

그 포인트는 ① 스태프의 의식 개혁 ② 간접 부문의 슬림화 ③ 간접 부문도 이익을 창출하는 부문으로 만들어가는 것, 이 3가지를 들 수 있다.

구체적으로 추진하기 위해서는, 아래와 같은 관점에서 생각한다.

① 지금 하고 있는 일을 절반의 인원으로 할 수 없을까

② 절반의 시간으로 할 수 없을까

③ 자신의 일은 무엇을 위해 하고 있는 것인가

④ 자료는 사문서화되지 않고 도움이 되고 있나

일의 평가에 관해서는 성취표를 작성하는 것이 효과적이다. 각 부서에서 필요한 기능을 열거해서 각자가 어느 단계에 있는가를 체크한다. 표 1은 구매과의 예로, 소속과원의 역량을 파악할 수 있다.

비대해진 간접 부문을 '소인화·활인화(活人化)'하기 위해서는 우선 인원을, 그것도 우수한 사람부터 빼 보아야 한다. 저항이 있더라도 리더의 강력한 리더십과 개혁 의욕이 있으면, 남은 사람들이 방안을 마련할 것이다. 표 2는 간접 부문의 문제점과 그 대응방향을 나타내고 있다.

오늘날은 과정보다 결과를 중시하는 경향이 있다. 그 때문에 개인에게 부과된 할당량을 달성하기 위해 서비스 잔업을 한다는 씁쓸한 이야기까지 들린다. 지금 하고 있는 업무가 핵심 업무로서 정말로 필요한지 여부를 재검토하고, 불필요한 업무는 아웃소싱하거나 파견사원을 활용하여 극복하는 방법도 있다.

요점정리
• 간접 부문의 일은 블랙박스다.
• 간접 부문의 소인화·활인화를 추진한다.

성명＼항목	조달품의 기술지식	가격 견적·결정	경영지식	발주처 개척	외주 지도·육성	구입 요구 대응	발주처 선정	견적조정	가격협상	발주업무	납기관리	CR프로젝트
홍길동	⊕	⊕	⊕	⊕	⊕	⊕	⊕	⊕	⊕	⊕	⊕	⊕
이몽룡	⊕	⊕	⊕	⊕	⊕	⊕	⊕	⊕	⊕	⊕	⊕	⊕
성춘향	⊕	⊕	⊕	⊕	⊕	⊕	⊕	⊕	⊕	⊕	⊕	⊕
김갑수	⊕	⊕	⊕	⊕	⊕	⊕	⊕	⊕	⊕	⊕	⊕	⊕

간접 부문의 문제점과 그 대응방향(표2)

문제점	대응방향
자신이 하고 있는 일은 낭비라는 인식이 없다.	간접 부문의 의식개혁은 톱의 역할로서, 고객의 일이라는 의식을 가지게 한다.
쓸데없는 일을 만들어, 그것이 자신도 모르게 정규 업무처럼 되어 있다.	우수한 사원을 제외시켜본다. (인원이 적다면 방법을 바꾼다.)
직무 차이를 공평하게 평가할 수 없다.	직무 분석을 한다. 직무의 표준화를 실시한다. 매뉴얼 작성
개개인이 각자 다른 일을 하고 있고, 사람에 따라 업무량이 불규칙하다.	다기능화를 도모하고 서로 협조할 수 있도록 한다.
전략 업무를 나중에 하고, 하기 쉬운 기계적인 일상 업무를 먼저 한다.	일의 우선순위를 생각하여 일을 하도록 상사가 업무 내용을 파악하고 지도와 지원을 계속한다.

물류·판매 부문의 생산성 향상
— 도요타판매물류방식(TSL)으로 업무 효율화

일반 물류시스템은 기업의 각 부문들이 독자적으로 효율화와 최적화를 꾀하고 있다. 따라서 예를 들면 영업 부문은 매출액으로 평가되기 때문에 영업기회 상실을 피하기 위해 팔릴 것으로 생각되는 상품의 재고가 아니라 매출목표가 되는 재고를 떠안게 된다. 생산 부문은 제조원가의 절감을 위해 효율적인 생산만을 생각하여 필요 이상으로 재고를 떠안는다. 또한 부품업체는 납기 요구를 맞추기 위해 미리 만든 부품재고를 떠안게 된다.

SCM(Supply Chain Management)이란, 생산활동(원자재의 제조에서 가공)에서 물류창고, 소매점을 거쳐 소비자의 손에 들어가기까지의 활동에 관한 정보를 수집하고, 병목현상(전체를 방해하는 제약조건이 되는 부분)을 발견, 이의 개선을 목표로 하는 관리방법이다.

SCM의 목표는, ① 재고 감소와 ② 결품 방지에 따른 적기공급이다.

도요타생산방식의 물류 기본 개념은 아래와 같다.

① 물류는 생산과 소비를 이어주는 중요한 공정이다.

② 물류는 물류(物留)가 아니다.

③ 공정 내의 물류는 부가가치를 창출하지 않는 일이다.

물류-판매에서도, 노동생산성의 향상, 리드타임의 단축, 인재의 활성화를 추구해 간다. 예를 들면 판매영업활동을 도요타류(流)의 '시각화'로 추진한다. 영업활동 관리판을 만들어 담당이 방문할 예정인 고객카드를 나열한다. 계약 성사가 안 된 고객은 보라색, 미 방문은 빨간색과 같이 색으로 분리하여 책임 소재와 그 원인을 명확히 하고 개인의 자각을 촉진하여 성과로 이어지게 한다.

도요타에서는 물류·판매에도 도요타생산방식을 도입한 도요타판매물류방식(TSL)으로 리드타임 단축, 재고의 획기적 삭감, 영업활동, 차량검사정비의 효율화를 추진하고 있다.

요점정리
- 공급의 효율화
- 영업활동, 서비스작업의 효율화, 소인화, 활인화

TOYOTA Sales Logistics

현지 · 현장의 개선활동

물류 개선 리드타임 · 재고의 획기적 삭감	노동생산성의 향상, 리드타임의 단축, 인재의 육성	새로운 판매방법의 개발	끝없는 고객만족 (CS) 추구

시장점유율
확대

실현을 위한 방법	평준화를 전제로 ❶ 좁은 물류를 넓은 물류로 한다. ❷ 저(低)빈도에서 소(少)로트 다회 및 만재(滿載)운반을 한다. ❸ 물건과 정보를 정체시키지 않고 철저히 리드타임을 단축한다.

출처 : 黑岩惠「물건 만들기 도요타의 IT 혁명」(홈페이지)을 근거로 작성.

판매점의 개선활동

제조와 마찬가지로 TPS가 기본

개선

1 이익은 끝없는 내제화(内製化)로 (자신이 만들 수 있다. 수정할 수 있다.)

2 우선은 '구조, 작업 개선'. 수리, 보전, 차량 검사 정비 등

3 현장에서 개선이 추진되도록 배려

도요타에게 원가절감활동은 당연한 일이며 일상의 개선을 통해 추진하고 있다. 제품에 따라서는 단가 1,000엔을 예상하고 1~2년의 기간을 투자해 개발한 물건이 마침내 양산, 발매될 때에 반값 이하가 아니면 경쟁이 되지 않는 경우도 발생한다. 강한 경쟁력을 구축하기 위해서는 종래의 연장선이 아닌 획기적인 원가절감 노력이 필요하게 되었다. 아웃소싱이 싸게 먹힌다고 해서 이에 의존해 버리면 어디에 개선의 여지가 있는지를 발견할 수 없게 되어 도요타식 IE는 실천할 수 없다.

도요타에서는 도전 목표로서 '기준 원가'를 사용하고 있다.

기준 원가는 소비자 및 소비가격에 관해 과학적 통계방법에 따라 예측 산출한 예정 원가이며, 기준 생산대수의 생산에서 달성 가능한 원가를 말한다. 그림 1은 기준 원가의 추이 예를 나타낸 것이다.

당사의 대상 부품의 원가 1,000엔에 대해 경쟁사가 700엔이라고 하면, 700엔을 기준 원가로 정한다. 원자재 계산에는 700엔을 올리고 차액인 300엔은 '낭비 사용'으로 손익계산서에 계상한다.

이렇게 나타난 당사와 경쟁사의 차이를 보고 당사는 어디서 경쟁에서 뒤지고 있을까, 어디가 문제일까를 분석하여 매일 개선하기 위해 노력한다.

개선을 진행하면서 노력한 결과, 낭비 사용액은 줄고 기준 원가에 도달한다. 기준 원가를 달성하면 20~30% 다운과 다음의 엄격한 기준 원가를 설정하여 다시 끊임없는 개선활동을 거듭해 간다.

모델 변경 시에는 완성품 업체의 톱의 리더십 아래, 개발, 조달, 생산기술 부문과 부품업체도 참가하여 목표하는 기준 원가를 달성할 때까지 전력을 다한다.

그림 2는 신제품의 개발완성 TCR(Total Cost Reduction)의 활동 예다.

요점정리
- 벤치마킹하여 기준 원가를 사용
- 주어진 조건 속에서 어떻게 지혜를 짜낼까

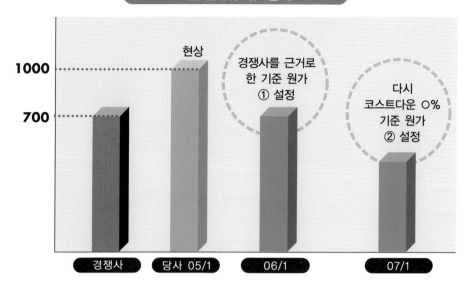

기준 원가 추이(그림 1)

1000 ···· 현상

700 ····

경쟁사를 근거로
한 기준 원가
① 설정

다시
코스트다운 ○%
기준 원가
② 설정

경쟁사　　당사 05/1　　06/1　　07/1

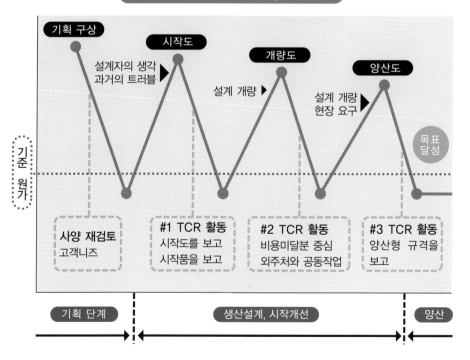

신제품 개발 완성 TCR 활동(그림 2)

기획 구상

시작도

개량도

양산도

설계자의 생각
과거의 트러블 ▶

설계 개량 ▶

설계 개량
현장 요구 ▶

목표
달성

기준 원가

사양 재검토
고객니즈

#1 TCR 활동
시작도를 보고
시작품을 보고

#2 TCR 활동
비용미달분 중심
외주처와 공동작업

#3 TCR 활동
양산형 규격을
보고

기획 단계　　생산설계, 시작개선　　양산

TPS를 기본으로 라이프사이클 코스트 절감을

도요타에서는 주문을 받아서 만드는 것을 사명으로 하고 있으나, 팔리고 나서 만드는 '커스터머 인'과 예측생산 '프로덕트 생산'을 병행하고 있다. 카롤라 (COROLLA) 등의 잘 나가는 제품은 예상을 하여 만든다. 그렇지 않으면 납기에 맞출 수 없기 때문이다.

제조업체인 이상 제조방식이나 제품 자체의 비용절감이 필요한 것은 말할 필요도 없다. 기업의 일이란 고객으로부터 주문을 받아 그것을 만들고 저스트 인 타임에 납품하여 대금을 받음으로써 그 전체가 완결된다. 개발, 생산준비, 제조와 공장출하 직전까지 능률을 올려 원가절감을 위해 노력해도 얻을 수 있는 이점에는 한계가 있다. 물류, 판매, 서비스와 판매점까지 합세한 원가절감활동이 필요하다. 또한 현장개선 TPS를 기본으로 TDS, TMS와 삼위일체가 된 활동이 필요하다.

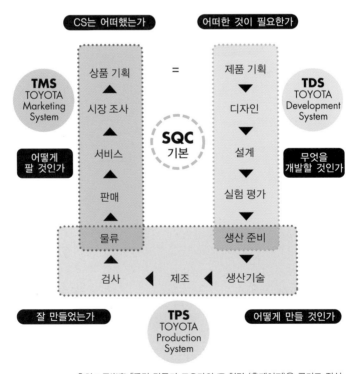

출처 : 黑岩惠 「물건 만들기 도요타의 IT 혁명」(홈페이지)을 근거로 작성.

현장에서 보는 도요타생산방식

지은이 · 도요타생산방식을 생각하는 모임
옮긴이 · 주 창 길
펴낸이 · 조 승 식
펴낸곳 · 도서출판 **이치** Ichi
등록 · 제9-128호
주소 · 142-877 서울시 강북구 수유2동 258-20
www.bookshill.com
E-mail: bookswin@unitel.co.kr
전화 · 02-994-0583
팩스 · 02-994-0073

2006년 1월 10일 1판 1쇄 발행
2009년 4월 10일 1판 4쇄 발행

값 10,000원
ISBN 89-91215-37-8

∗ 잘못된 책은 구입하신 서점에서 바꿔드립니다.

· 이 도서는 북스힐에서 기획하여 도서출판 이치에서
출판된 책으로 도서출판 북스힐에서 공급합니다.
142-877 서울시 강북구 수유2동 258-20
전화 · 02-994-0071 팩스 · 02-994-0073